LA COCINA COLOMBIANA

paso a paso

PANAMERICANA
EDITORIAL

Dirección editorial
Emöke Ijjász S.

Realización editorial
Simpei, SL

Coordinación de producción
Libia Gaviria Salazar

Diseño
Itos Vazquez

Ilustraciones
José Luis Hernanz Hernández

Fotografía
Fernando Ramajo

Selección de recetas, cocina y estilismo
Itos Vazquez

Revisión de estilo
Pilar Casado

Introducción
Victoria Puerta

La cocina colombiana paso a paso / selección de recetas, cocina y estilismo Itos
Vazquez ; ilustraciones José Luis Hernanz Hernández ; fotografía Fernando
Ramajo ; introducción Victoria Puerta. -- Santafé de Bogotá : Panamericana
Editorial, 1999.
160 p. : il. ; 28 cm. -- (Sabores latinoamericanos)
Incluye índice.
Glosario : p. 158-159.
ISBN 958-30-0596-7
2.   Cocina colombiana I. Vazquez, Itos, comp. II. Hernanz Hernández, José Luis,
il. III.Ramajo, Fernando, il. IV. Puerta, Victoria V. Serie
641.5986 cd 19 ed.
AGP7475

CEP-Biblioteca Luis-Angel Arango

Primera edición, Editorial Voluntad S.A., 1995
Primera edición en Panamericana Editorial Ltda., marzo de 1999
Segunda reimpresión, febrero de 2001

© 1995 De la compilación, Itos Vazquez
© 1999 Panamericana Editorial Ltda.
Calle 12 No. 34-20, Tels.: 3603077 - 2770100
Fax: (57 1) 2373805
Correo electrónico: panaedit@panamericana.com.co
www.panamericanaeditorial.com.co
Bogotá, D. C., Colombia

ISBN volumen: 958-30-0596-7
ISBN colección: 958-30-0591-6

Impreso por Panamericana Formas e Impresos S. A.
Calle 65 No. 95-28, Tels.: 4302110 - 4300355, Fax: (57 1) 2763008
Quien sólo actúa como impresor.

Impreso en Colombia   Printed in Colombia

LA COCINA COLOMBIANA

paso a paso

— CONTENIDO —

INTROITO

LÁCIDES MORENO BLANCO

Periodista, historiador, miembro de la Academia
de Historia de Cartagena; ex-director
de educación pública de Bolivar; diplomático de
Colombia ante los gobiernos de Cuba, Japón,
Jamaica, Noruega, Checoslovaquia y Haití;
jefe del Departamento Cultural de
la Cancillería colombiana y delegado ante
la Asamblea General de la Unesco en París.
En la actualidad es crítico de temas
gastronómicos, cuyos trabajos publican
la revista Diners, El Tiempo y la separata
de historia de la revista Credencial de Bogotá.

La cocina de nuestro continente, conformada como casi todas las del mundo por la influencia de diversas corrientes o imperativos culturales, tiene su carácter particular y propio encantamiento. En algunas regiones, mas que en otras, conserva su índole aborigen, la expresividad negroide y la de la inmigración europeo-oriental. Pero en todo caso, como sucede en el orden del conocimiento histórico, da la geografía o del simple folclor, la cibaria común es bastante desconocida, por no decir ignorada, dentro de los mismo hispanoamericanos. Es así como a muchos colombianos les es familiar la comida de talante italiano, francés, español, inclusive la de la China milenaria - y ahora un poco la japonesa -, mientras ignoramos los deliciosos manjares de Bolivia, Paraguay, Perú, Centroamérica o el luminoso Caribe, no obstante que un mismo tono gustativo pasa por el espíritu de esos fogones, cuando se trata de hervidos, adobos, envueltos, granos o tubérculos.

A causa de estas contingencias culturales resulta válido todo esfuerzo tendiente a transmitir por escrito el recetario de la cocina continental, pues en su esencia es una forma de descubrir el alma y la sensibilidad de todos y cada uno de nuestros pueblos, al mismo tiempo que se preserva una significativa herencia social. Mas es una labor delicada la de recopilar ese material, de suyo susceptible y quisquilloso, concerniente a los recetarios nacionales o vernáculos; hay una expresión subjetiva, si se quiere un sabor, una textura, un alma peculiar en cada plato comarcano, que por lo mismo exige algo de respeto para no adulterarlo, para que no pierda su posible autenticidad.

Por otra parte, una de las herencias más hondas y arraigadas en los sentimientos del hombre es la que se refiere a los gustos y sazones que les fueron revelados desde muy temprano, casi siempre en el fogón familiar o en la tierra circundante. Y desde entonces pertenecen a las entretelas de su espíritu y a sus más radicales vivencias. El tiempo puede transcurrir quizá alucinante entre muchas tormentas del vivir y modificar bruscamente ideologías políticas, creencias religiosas o modas que influyen en la conducta humana; pero el perfume de los condumios primigenios, el aroma de las frutas en sazón, enriquecidas luego en la alquimia de almíbares, tal vez; la sapidez de aves o caldillos pautados por la imaginación de la abuela o las manos querendonas de la negra, siguen allí como fuerza determinante del genio propio y como equilibrio moral de la tradición.

En nuestro caso, en el colombiano, siempre hay que volver al honesto concepto de que es una cocina muchas veces lograda tras paciente laboreo, discreta en sazones, de monótonos elementos y, por lo tanto, de tono menor si tratamos de parangonarla con otras más evolucionadas, al mismo tiempo que compleja por circunstancia del progreso agrícola y madurez social; pero por esa misma discreción, por su generosa elementalidad y por la querencia con que se prepara en la mayoría de los hogares nacionales, tiene una expresión propia y válida como encarnación del alma colombiana.

Es, desde luego, variada en ciertas condimentaciones, según la zona de donde proceda. Dentro de esa concepción, la de nuestra costa Atlántica, aunque guarda concomitancias en sus dejos y colorido con la del delirante Caribe, o caribes con más exactitud, tiene estilo propio por los matices de sus ingredientes y el equilibrio de sabores, tendientes a cierta sutileza y primor propio, especialmente la de Cartagena, como consecuencia de hondos procesos históricos. El arroz con coco y pasas, los pescados jubilosos con el achiote y la leche de coco, el enyucado, los pasteles navideños, la diversidad de sopas y dulces, en fin... La de los Santanderes con sus cabritos, pepitorias y arepas chicharronas, la carne oreada y las hayacas; las cundiboyacense, aunque más intimista por determinantes geográficos, con su mazamorras o guisos, en los que participan los cubios, chuguas y arracachas, amén del prodigioso regalo de las frutas, como la chirimoya, la piña, la curuba, la pitahaya o la tuna, para no extendernos demasiado en las regocijadas referencias.

La paisa, enérgica con los productos agrícolas, primordialmente los frisoles, como dicen por aquellos mundos, y el maíz. Que con este mítico grano las manos enamoradas preparan cotidianamente las arepas, enriqueciendo su dieta con los dorados buñuelos, el caldo de menudencias, la sopa de oreja, la de mondongo, la de arracacha y la de vitoria, que tiene el halo de lo indígena. Que gritan al viento también los paisas las excelencias de sus chorizos de La Ceja; las morcillas, tamales, guisos de mano de res y empanadas, sin olvidar las mazamorra en esponsales con fragmentos de panela, así como el claro de maíz o el cañón de cerdo. Para el goce universal presentan, además, el arequipe amarillo, el dulce de cidra y la natilla de engolosinante presencia.

La cocina del Cauca, la de Popayán en particular, que fluye de una dilatada tradición, exhibe el sango de maíz crudo molido, el arroz atollado, la empanada de Pipián o mil dulces que obligan a renegar de las dietas. Los vallecaucanos alaban los champús, los pastelitos rellenos de cuajada o queso blanco, la sopa de tortilla, en la que aparece como constante el plátano verde; los tamales de resplandor o los cartagüeños, el sancocho de uña.

El mundo gustativo de nuestra manducaria es dilatado, rico y sugerente. ¿Cómo olvidar la lechona del Tolima, sus tamales y amasijos; la chara, especie de mazamorra de trigo o la allulla, una forma de pan, de Nariño? ¿O el ajiaco con pollo y la sobrebarriga con papas chorriadas de Bogotá; o la mazamorra chiquita de Boyacá?

Son éstos apenas breves pespuntes en un espléndido manto gastronómico que debemos preservar. La nuestra, no lo olvidemos, tiene también su embrujo. Es una olla mestiza o mulata, según el meridiano por donde pase, con el legado indígena, la herencia europea y la mano negra, mas desconocida fuera del país y de la que trechos renegamos frente al forastero, perdiendo de vista que ella es parte esencial de nuestra sensibilidad y cultura material. Otros pueblos nos dan permanentemente ejemplo del orgullo con que la dan a conocer, alaban y defienden contra el vendaval del necio cosmopolitismo. Quizá, eso sí, merezca dentro de los gustos contemporáneos ciertos maquillajes, sensatos equilibrios en la disposición de las viandas, y una discreción o sentido de la delicadeza en las porciones para hacer menos brusca u ordinariota su imagen puesta a manteles, pero tratando siempre de preservar sus sabores más tradicionales y genuinos, que es donde radica el esencial valor de ella. Y que sirva, por lo tanto, a nuestros nuevos profesionales, aquella reflexión de Revel: "Un chef que pierde todo contacto con la cocina popular rara vez consigue combinar algo realmente exquisito; por otro lado, es evidente que la gran cocina sabia surge y se desarrolla en aquellos países donde existe ya una buena cocina tradicional, sabrosa y variada, que le sirve de fundamento".

Este hermoso libro, aunque observo que soslaya recetas caras a la predilección comarcana, constituye un noble y plausible esfuerzo para magnificar una de la cocinas más ricas, así como apetitosas, de nuestro continente.

LÁCYDES MORENO BLANCO

INTRODUCCION

Para entender los misterios de la historia del mestizaje nada más ilustrativo que los fogones, y los de Colombia expresan de norte a sur las fusiones, los matices y cambios logrados de generación en generación. Atendiendo unas veces a las recetas dejadas por las abuelas, y otras al saber popular, la cocina colombiana se ha transformado en cada región en platos llenos de color, de incitaciones, de sugerencias, de manos cálidas que los han macerado y perpetuado.

Los cronistas recuerdan que al llegar a las nuevas tierras conquistadas encontraron suelos que daban sus tesoros "con sólo tirar el grano al suelo", además de una inmensa variedad de golosinas tropicales. Sus olores embriagaban y distraían de la rudimentaria cocina aborigen.

Sacrificios y bailes ceremoniales, en los que reinaban las deidades de la fertilidad, homenajeaban al soberano, al Dios; el maíz. La cultura del maíz, viva desde 500 A.C. representaba para los pobladores americanos un sistema de vida que giraba alrededor de la siembra, recogida y conservación del grano.

Los indígenas tenían impresionantes técnicas de almacenamiento y preservación del alimento de los dioses. La mula y los caminos no existían. El miedo a perecer de hambre, obligaba a una cocina simple y práctica.

Para largas jornadas, los aborígenes solían preparar un alimento llamado shihuayro, compuesto por hierbas aromáticas, carne seca, tomate de árbol, ají y sal. Humedeciendo todo el conjunto con el jugo de las hierbas y el tomate, se hacían bolas y cubos del tamaño de un huevo pequeño. Cada bolita alcanzaba para preparar un delicado plato que aportaba minerales, vitaminas y calentaba el cuerpo tanto como refrescaba una bebida que se preparaba con el maíz morado. Hervido sin desgranar se dejaba fermentar y luego se le añadían frutas frescas.

Estas saludables pero sencillas recetas, se vieron enriquecidas por las nuevas culturas. Porque si América aportó el maíz, Asia hizo lo suyo con el arroz, Oriente con las especias y Africa con el arte del frito. Todo ello

canalizado a través de la olla española, famosa por la riqueza de sus potajes y embutidos y la profusa y sabia manipulación del ajo y las olivas.

Las rudimentarias costumbres de los lugareños se vieron alteradas y en muchas zonas totalmente cambiadas. De la simple torta de casabe se pasó a los tamales, los mutes, las tortillas y los panes hechos de trigo y harina de maíz. Los gustos andaluces, asturianos, valencianos o madrileños, se asentaron en los guisos preparados con las carnes de la hicotea,

la iguana, y del vacuno recién descubierto y en los alimentos todavía desconocidos, pero inmediatamente y ampliamente aceptados.

La dieta colombiana se abrió a los vientos renovadores, a los secretos de un continente conocido apenas por sus productos y gentes.

En el litoral se hizo famosa la Olla Cartagenera. Tal vez porque a esta ciudad llegaba inicialmente todo el trasegar de la corona, todos los forasteros, toda la imaginería cultural, gastronómica y guerrera de la época. La riqueza y la abundancia de carnes, pescados y frutas, influyeron para que sus mesas fueran tan regaladas y abastecidas como para que sus visitantes la recordaran siempre y la alabaran en extensas y floridas crónicas. Rica en especias y atrevida en sus combinaciones, la comida del litoral añadió a su recetario el ñame, la yuca, el plátano y la ahuyama. Cambió el costoso aceite de oliva por el delicioso y socorrido aceite de coco; desplazó el sabor fuerte de la pimienta por el suave y dulzón del ají. El corozo, los granos de maíz, el icaco y el coco aumentaron el abanico de posibilidades, sabores y presentaciones del arte de la repostería. Los conocimientos de franceses, italianos, árabes y españoles se fusionaron para darles más esplendor a la arracacha, la mandioca y al color fuerte de los frutos americanos. Una cocina nacía más cerca del corazón que de la experiencia.

La cocina colombiana comenzó su camino de elaboración, adoptando cada ingrediente sin pudor; haciéndolo simplemente suyo. Acomodándolo a sus necesidades. Expresando el carácter de cada región en la manera de servirlo o prepararlo, e incluso de llamarlo. Nada habla mejor de esa forma particular de ser, que la gran variante de nombres y diseños que tiene el emblemático tamal a lo largo y ancho de Colombia.

Las regiones central y andina, pobladas en su gran mayoría por gentes alegres y montaraces, han creado una cocina menos compleja, pero tan apetecible como la del litoral. Los paisas, que suelen ser aventureros y deslenguados, se han decantado por un recetario delicioso, campesino y práctico. Sazonada despacio, con poco aceite y mucho ajo, cebolla y limón, es una reparadora alimentación, que ha trascendido las fronteras de la región y se ha convertido en referencia obligada de los paladares que sufren los rigores de la nostalgia. Las finas telas se han convertido en compañeras inseparables de los desayunos colombianos. Las de Santander, hechas con ceniza y maíz pelao, acompañan tanto al mute como al chorizo, a la morcilla como a los más sofisticados langostinos. Así, tan suaves y naturales no nos hacen pensar en la larga y secreta forma de prepararlas. Tampoco despierta sospechas el manjar blanco del Valle. Sin embargo, para un final feliz se necesita no sólo un control total en las medidas, sino el humor del que revuelve la paila de cobre, una atenta dedicación y una devoción de relojero. La misma que se huele en las playas de las islas de San Andrés y Providencia cuando se prepara el nutritivo y alegre Rondón.

Cada región tiene sus secretos, variantes y rasgos que la definen y diferencian de las otras. La vallecaucana, rica en aromas frutales como su tierra, está muy cerca de la

cultura africana, por la amplia utilización de las técnicas del aborrajamiento; mientras que la de Santander se parece a su paisaje, fuerte y masculino, donde los animales son descuartizados sabia y pacientemente y utilizados, de la pezuña a las vísceras, en maravillosos asados. En esa tierra inconmensurable de los Llanos, el hombre quiere alimentos fáciles de preparar, pero ricos y pródigos en su condimentación. Los secretos los tiene el

viento cuando se orean las carnes y las hace deleitosas y extraordinarias para la brasa.

El sentido de la vida tiene su mejor expresión en las caras de los comensales, en la presentación de los platos bautizados con

denominaciones extravagantes, poéticas, inusuales. A quién se le pudo haber ocurrido nombres como el tembleque de lulo, o la sopa de remiendos, o el muchacho relleno y tan dulces y hermosos como el mielmesabe. En sus características y estilos podemos encontrar las historias de amor y guerra, las conquistas, los rechazos, el temperamento alegre y rebuscón de los colombianos. Cuando pienso en los calderos regionales, recuerdo sus orígenes y no puedo obviar los rituales que acompañan la elaboración de algunos platos. Saltan al estrado las imágenes del viejo pilón, empleado a fondo en épocas pasadas, y todavía presente en algunas partes del país, las ollas de barro, los cucharones de palo, los cacharros

de aluminio, las brasas crepitantes de los fogones campestres, las parrillas para asar las arepas, las olletas y la imagen impenitente del sagrado corazón de las cocinas y las cruces de mayo.

El aroma de las cocinas colombianas habla del tiempo mágico, de la sazón lenta, de los ojos que lloran cuando se pela la cebolla morada, de esa hora crucial cuando las parrillas revientan con toda la apretada gama de manjares, texturas, colores, recuerdos y jolgorios. Las mistelas, las aguas de manzanilla, el tintico y la aguapanela, el hogao y las hojas de guasca, la mesa y el ángel de la guarda, el mango en almíbar, el almidón y la yuca, los guineos, la parva y el chocolate, las onces, las mañanitas, clavos, carabelas y canela, viajeros y nostalgias, antiguas recetas, y miles de transeuntes componen las entrañas

de este libro, con el que se pretende reunir todo el sabor, toda la magia, y la astucia de una cocina hecha a la manera de cada región. Para lograr este exquisito y jugoso resultado se han necesitado muchas horas de experimentación. Largos tiempos de cocción y verificación de las cantidades y calidades de los productos que se van a usar. Cada plato ha sido preparado siguiendo los viejos consejos, aplicando la química personal, buscando que el efecto sea el mismo o mejor, que el obtenido día a día en los hogares de siempre.

Puede que el transfondo y los ingredientes sean los mismos, pero el resultado siempre estará acompañado por la variedad cultural, por la sazón, por el delicado entramado de los gustos particulares, de los impulsos que habitan la mano que maneja el comino y la pimienta.

SALSAS
Y
BEBIDAS

Salsa de hierbabuena

Ingredientes para 1 taza:

1/2 taza de panela machacada • 1/2 taza de agua • 2 cucharadas de hierbabuena fresca finamente picada • 1 cucharada de fécula de maíz previamente disuelta en un poco de agua • 3 cucharadas de vinagre • 1 cucharadita de sal • Pimienta molida al gusto

Cocinar la panela con 3 cucharadas de agua, hasta que tome color oscuro. Agregar el resto del agua y los ingredientes restantes, excepto la hierbabuena, y cocinar hasta que la panela se haya diluido. Añadir la hierbabuena, revolver, tapar el recipiente y retirar del fuego. Una vez fría, licuarla y antes de servir, salpicar con hierbabuena picada.

Salsa de aliños

Ingredientes para 1 1/2 tazas:

2 cucharadas de aceite • 2 tazas de tomates maduros, picados • 1/2 taza de cebolla picada • 1 cucharada de jugo de limón o vinagre • Sal y pimienta al gusto

Calentar el aceite en una sartén a fuego medio, agregar todos los ingredientes, y cocinar, revolviendo de vez en cuando, durante 10 ó 15 minutos hasta que todo esté bien pasado.

Salsa de ají dulce

Ingredientes para 1 1/2 tazas:

1 taza de ajíes dulces, picados • 1/2 taza de cebolla picada • 4 cucharadas de perejil fresco, picado • 4 cucharadas de cilantro fresco, picado • 1 taza de vinagre• 2 cucharadas de aceite • Sal y pimienta al gusto

Licuar los ajíes junto con el vinagre, y poner en un frasco de cristal. Añadir todos los ingredientes restantes, mezclar y guardar en el refrigerador.

Vinagreta de aguacate

Ingredientes para 1 1/2 tazas:

1 aguacate • 1/4 taza de vinagre • 1 taza de aceite (preferiblemente de oliva) • 1 cucharada de jugo de limón • 1 cucharada de perejil picado • Sal y pimienta al gusto

Cortar el aguacate por la mitad y extraer la pulpa. Pasar a una licuadora, junto con el vinagre y licuar. Mezclar con todos los ingredientes restantes y servir fría para aderezar ensaladas.

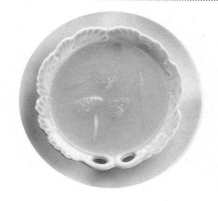

Salsa de naranja

Ingredientes para 2 1/2 tazas:
2 tazas de agua • 1/2 taza de jugo de naranja • 2 cucharadas de azúcar • 2 cucharadas de jugo de limón • 1 cucharada de mantequilla • 1 yema de huevo batida • 1 cucharada de fécula de maíz disuelta en dos cucharadas de agua • 1/2 cucharadita de sal • Pimienta

Mezclar bien todos los ingredientes y poner en un recipiente a fuego medio. Cocinar, sin dejar de revolver, hasta que espese y servir con carnes frías.

Salsa para pescado frito

Ingredientes para 1 1/2 tazas:
2 cucharadas de mantequilla • 6 cucharadas de jugo de limón • 1 taza de agua • 1 yema de huevo batida • 1 cucharada de fécula de maíz • 1 cucharadita de azúcar • 4 cucharadas de vino blanco • 1/2 cucharadita de sal • 1/2 taza de queso rallado • 3 cucharadas de salsa de tomate

Derretir la mantequilla en un recipiente a fuego medio y agregar todos los ingredientes restantes. Cocinar, sin dejar de revolver con una cuchara, hasta que espese.

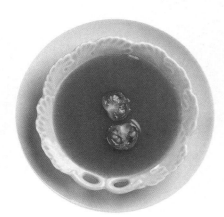

Salsa agridulce

Ingredientes para 1 taza:
1/2 taza de agua • 1/3 taza de azúcar • 1/3 taza de vinagre • 1 cucharada de fécula de maíz • 1 cucharada de salsa de soja • 2 cucharadas de salsa de tomate • Sal

Poner en un recipiente todos los ingredientes, excepto la salsa de tomate. Acercar al fuego, y cocinar, sin dejar de revolver, hasta que espese. Retirar del fuego, añadir la salsa de tomate, mezclar bien y servir.

Salsa de ají picante

Ingredientes para 2 tazas:
1/2 taza de ajíes dulces, picados • 1/2 taza de ajíes picantes, picados • 1 taza de vinagre • 1 taza de agua • 1/2 taza de cebolla picada • 4 cucharadas de perejil fresco, picado • 4 cucharadas de cilantro fresco, picado • 2 cucharadas de aceite • Sal

Licuar los ajíes picantes con el vinagre y el agua. Pasar por un colador y añadir al puré obtenido, todos los ingredientes restantes. Guardar en el refrigerador hasta el momento de servir.

Mistela de café

Ingredientes para 12 personas:

1 botella de aguardiente antioqueño • 2 cucharadas de café, tostado y molido muy fino • 2 lb de azúcar en almíbar • 2 cucharadas de esencia de vainilla

Poner el aguardiente junto con las dos cucharadas de café en una botella grande y dejar macerar durante unos10 días.

Transcurrrido el tiempo de maceración indicado, mezclar con el almíbar y la esencia, batir bien y colar. Tomar en pequeños tragos.

Miss Colombia

Ingredientes para 12 personas:
1 taza de leche condensada • 1 taza de ron o de vodka • 1 taza de hielo muy picado • 2 yemas de huevo

Poner los ingredientes en la coctelera, agitar y servir sobre copa de cóctel.

Coco-loco

Ingredientes para 1 persona:
3 cucharadas de ron • 1/2 vaso de agua de coco biche • Hielo picado

Mezclar todos los ingredientes y servir dentro de una cáscara de coco.

De izquierda a derecha: Mistela de café, Miss Colombia, Aguardiente sour y Coco-loco

Aguardiente sour

Ingredientes para 2 personas:
4 medidas de aguardiente antioqueño • 1 medida de jugo de limón • 1 medida de jugo de naranja • 1 clara de huevo • 2 cucharadas de azúcar pulverizada

Mezclar todos los ingredientes en la coctelera y añadir hielo picado. Agitar, colar y servir.

Canelazo

Ingredientes para 2 personas:

3 copitas de aguardiente • 2 copitas de aguapanela •
1 ramita de canela

Verter en un recipiente y calentar al baño María sin dejar
hervir.
Servir en copa escarchada con azúcar.

Refresco de mango

Ingredientes para 6 personas:

3 mangos maduros • 3 vasos de agua • 1/2 taza de azúcar •
El jugo de un limón

Pelar los mangos y licuar la pulpa, añadiendo un poco de
agua. Agregar el azúcar, el jugo de limón y el agua restante.
Licuar de nuevo y colar. Servir con hielo.

De izquierda a derecha: Chicha de piña,
Refresco de mango, Canelazo y Bocachica.

Bocachica

Ingredientes para 8 personas:

3/4 de taza de ron • 1 1/4 tazas de jugo de toronja • Azúcar

Mezclar todo bien y servir con hielo.

Chicha de piña

Ingredientes para 10-12 personas:

1 1/2 litros de agua fresca • 1/2 panela, partida •
La cáscara de una piña

Poner todos los ingredientes en una olla de barro o de metal esmaltado. Tapar y dejar fermentar como mínimo 5 días.
Colar y servir con hielo.

RECETAS
PASO A PASO

— Sopa de arepa —

Ingredientes para 4-6 personas:

7 tazas de caldo de gallina

1 lb de papas, peladas y cortadas en cuadritos

1 taza de hogao

2 huevos

1 cucharada de fécula de maíz

4 arepas del día anterior, cortadas en trocitos

2 cucharadas de perejil y cilantro frescos, picados

Pimienta

Sal

Verter el caldo en una olla, añadir las papas picadas y el hogao, sazonar con sal y pimienta al gusto y cocinar a fuego alto hasta que las papas estén tiernas.

Mientras tanto, batir en un recipiente los huevos junto con la fécula de maíz, hasta obtener una pasta homogénea.

Seguidamente, pasar por la pasta de huevos y fécula de maíz los trozos de arepa, añadirlos a la sopa y cocinar unos minutos más.

Por último, salpicar la sopa con el cilantro y el perejil picados y servir bien caliente.

1. Cocinar las papas con el hogao en el caldo.

2. Batir los huevos junto con la fécula de maíz.

3. Pasar los trocitos de arepa por los huevos y añadir a la sopa.

4. Salpicar con el cilantro y el perejil, y servir.

Sopa de mute

Ingredientes para 6 personas:

I tacita de maíz peto
3/4 lb de espinazo de cerdo
3/4 lb de pezuña de cerdo
I cucharada de cilantro fresco
I lb de papas
4 cucharadas de hogao
Tomillo, orégano y salvia al gusto
Sal y pimienta

Calentar agua en una olla al fuego, añadir el maíz y cocinar hasta que los granos abran; escurrir y reservar.

A continuación, cortar en trozos el espinazo y la pezuña de cerdo, ponerlos en una cacerola a fuego fuerte, y cubrir con agua. Añadir el cilantro y sal y pimienta al gusto y cocinar hasta que las carnes estén tiernas.

Seguidamente, incorporar el maíz previamente preparado y continuar cocinando unos minutos más.

Pelar las papas y picarlas.

Agregar a la cacerola el hogao, las hierbas y las papas y continuar cocinando hasta que todo esté en su punto. Servir bien caliente y salpicada con cilantro picado.

1. Cubrir las carnes con agua y cocinar hasta que estén tiernas.

2. Añadir el maíz previamente preparado y cocinar unos minutos.

3. Pelar las papas, cortarlas en trocitos y agregar a la cacerola.

4. Incorporar el hogao y las hierbas y terminar de cocinar.

— Sopa de uña —

Ingredientes para 8-10 personas:

10 ó 12 tazas de agua
1 lb de hueso poroso de cadera
1 lb de costillas de res
1 lb de punta de cadera, de res
4 cebollas largas picadas
1/2 lb de arracacha pelada y picada
3 plátanos verdes
1 taza de hogao
1 lb de yuca picada
Comino al gusto
2 cucharadas de cilantro fresco finamente picado
Sal

Verter el agua en una olla suficientemente grande, añadir el hueso de cadera, las costillas de res, la carne, las cebollas y sal al gusto, poner a fuego alto, y cocinar durante aproximadamente unos 45 minutos.

A continuación, retirar las costillas y la carne del caldo y eliminar el hueso de cadera; desprender la carne de las costillas del hueso, picarla y ponerla de nuevo en el caldo junto con la arracacha picada.

Seguidamente, poner la punta de anca sobre una tabla y cortarla, con ayuda de un cuchillo bien afilado, en trocitos pequeños.

Pelar los plátanos, partirlos con la uña, añadirlos a la olla junto con la punta de anca y continuar cocinando durante unos 15 minutos.

Incorporar al guiso, el hogao, la yuca y comino al gusto; rectificar de sal si fuera necesario y continuar cocinando hasta que el caldo se espese.

Servir la sopa salpicada con las dos cucharadas de cilantro finamente picado.

2. Pelar y partir los plátanos, con la uña.

3. Añadir la carne y los plátanos a la olla y cocinar.

1. Poner la punta de anca, previamente cocida, sobre una tabla y cortarla en trocitos.

4. Incorporar el hogao, la yuca y comino y cocinar hasta que todo esté tierno y el caldo espese.

— Crema de auyama —

Ingredientes para 4 personas:

2 lb de auyama
4 1/2 tazas de caldo de carne o de gallina
2 cucharadas de mantequilla
1 taza de leche
1 cucharada de salsa negra
2 huevos duros
4 cucharadas de vino blanco
1 cucharada de perejil fresco, picado

Primeramente, pelar la auyama, limpiarla y cortarla en trocitos.

A continuación, poner la auyama en una olla, agregar el caldo y cocinar a fuego alto durante 15 ó 20 minutos.

Seguidamente, poner la auyama junto con el caldo en el vaso de la licuadora eléctrica, agregar la mantequilla, la leche y la salsa negra y batir hasta obtener una crema homogénea.

Poner la crema de nuevo en la olla y cocinar, a fuego bajo y revolviendo frecuentemente con una cuchara de madera, durante aproximadamente unos 10 minutos.

Por último, agregar los huevos duros previamente pelados y picados y el vino blanco, cocinar unos minutos más y servir la crema salpicada con el perejil picado.

1. Cortar la auyama en trocitos y poner en una olla.

2. Agregar el caldo y cocinar 15 ó 20 minutos.

3. Licuar la auyama junto con el caldo y añadir la mantequilla, la leche y la salsa negra.

4. Incorporar los huevos duros picados y el vino y cocinar unos minutos.

— Crema de aguacate —

Ingredientes para 6-8 personas:

2 aguacates
1 cucharada de mantequilla
2 cebollas cabezonas picadas
1 cebollín picado
1 cucharada de harina de trigo
1/2 cucharadita de orégano en polvo
7 tazas de caldo de gallina
2 tazas de leche
1 taza de crema de leche
Sal y pimienta

Pelar los aguacates, abrirlos por la mitad y eliminar el hueso; cortar la pulpa en trocitos, ponerla en un recipiente y triturarla con un tenedor hasta convertirla en puré.

Derretir la mantequilla en una olla a fuego medio, añadir las cebollas y el cebollín, picados y rehogar hasta que estén transparentes; agregar la harina y el orégano y dar unas vueltas con una cuchara de madera.

A continuación, añadir el puré de aguacate anteriormente preparado y revolver.

Seguidamente, incorporar el caldo y cocinar durante 10 minutos, mezclando de vez en cuando. Añadir la leche, la crema de leche, y sal y pimienta al gusto y cocinar unos minutos más, a fuego bajo y sin dejar de revolver.

Servir la crema decorada con unas tiras de aguacate.

1. Freír las cebollas y el cebollín en la mantequilla. Añadir la harina y el orégano y dar unas vueltas.

2. Incorporar el puré de aguacate anteriormente preparado y revolver todo bien.

3. Verter el caldo y cocinar 10 minutos más, revolviendo de vez en cuando.

4. Añadir la leche, la crema de leche, sal y pimienta y cocinar unos minutos más.

— Sopa de costilla —

Ingredientes para 4 personas:

I lb de costilla de res
7 tazas de agua
3 cucharadas de aceite
2 cebollas peladas y finamente picadas
I tomate grande pelado y picado
2 papas medianas
Perejil o cilantro frescos, picado
Sal

Lavar la costilla y secarla; ponerla sobre una tabla de madera y cortarla, con ayuda de un cuchillo bien afilado, en trozos regulares.

Seguidamente, poner los trozos de costilla en una olla, cubrirlos con el agua, sazonar con sal al gusto y cocinar a fuego medio, hasta que la carne esté tierna, retirando frecuentemente la espuma que se forme en la superficie.

Calentar el aceite en una sartén a fuego alto, cocinar las cebollas y, cuando estén transparentes, incorporar el tomate; cocinar y añadir este hogao a la olla.

Pelar las papas, cortarlas por la mitad en sentido longitudinal e incorporarlas a la olla con la carne. Rectificar de sal, si fuera necesario, y continuar cocinando hasta que las papas estén en su punto.

Servir la sopa bien caliente, salpicada con el perejil o el cilantro picado.

I. Cortar la costilla en trozos regulares.

2. Cocinar la costilla en una olla con agua, espumando la superficie.

3. Preparar un hogao con las cebollas y el tomate, y cuando esté listo, agregar a la olla.

4. Pelar las papas, cortarlas por la mitad, añadir a la olla y cocinar hasta que estén tiernas.

— Ajiaco —

Ingredientes para 6 personas:

1 lb de papas criollas
1 1/2 lb de papas paramunas
1 1/2 lb de papas sabaneras
1 ó 2 cebollas largas enteras
1 pollo de 3 lb cortado en presas
1 rama de cilantro fresco
3 dientes de ajo triturados
1 cubito de concentrado de pollo
1 ramo de guascas (sólo las hojas)
2 tazas de maíz desgranado
3 aguacates
1 tacita de alcaparras

1 taza de crema de leche
Pimienta
Sal

Pelar las distintas clases de papas y cortarlas en rodajas; ponerlas en una olla junto con la cebolla y el pollo cortado en presas, y cubrir con abundante agua; añadir el cilantro, los ajos, el cubito de concentrado de pollo y sal y pimienta al gusto, poner a fuego medio y cocinar durante aproximadamente unos 45 minutos o hasta que el pollo esté tierno y las papas estén medio deshechas.

A continuación, agregar al guiso las guascas y el maíz desgranado y continuar cocinando 5 minutos.

Retirar el pollo de la olla, deshuesarlo, deshilachar la carne, incorporarla de nuevo al caldo y cocinar 5 minutos.

Por último, abrir los aguacates por la mitad, eliminar el hueso y cortar cada mitad en dos. Servir acompañado de los aguacates, las alcaparras y la crema de leche, en recipientes separados.

1. Poner el pollo y las papas en una olla junto con la cebolla, cubrir con agua y cocinar.

2. Agregar las guascas y el maíz desgranado y cocinar 5 minutos más.

3. Retirar el pollo, deshuesar, deshilachar la carne y poner de nuevo en la olla.

4. Pelar, deshuesar los aguacates y cortarlos en cuartos, para servirlos como acompañamiento.

— Arroz atollado del Valle —

Ingredientes para 6 personas:

6 tazas de agua
1 lb de costillas de cerdo picadas
1/2 lb de carne de cerdo picada
1 lb de longaniza o salchicha
2 cucharadas de aceite
1/2 taza de hogao
1 cucharadita de pimienta blanca
1 cucharadita de pimienta en grano
3 tazas de arroz
1 cucharada de manteca de cerdo
1 lb de papas peladas y picadas
3 huevos duros
2 cucharadas de cilantro y perejil frescos, picados
Sal

Calentar seis tazas de agua en una olla al fuego, añadir las costillas y la carne de cerdo y cocinar durante aproximadamente unos 30 minutos.

A continuación, cortar la longaniza en trozos, freírla en una sartén con el aceite caliente e incorporarla a la olla.

Seguidamente, añadir el hogao, la cucharadita de pimienta blanca y de pimienta en grano y sal al gusto y mezclar bien.

Incorporar el arroz y la manteca de cerdo y continuar cocinando, a fuego medio y con el recipiente destapado, durante aproximadamente unos 20 minutos.

Cuando abra el arroz, incorporar las papas picadas y terminar de cocinar.

Picar los huevos duros, mezclarlos con el cilantro finamente picado junto con el perejil y agregar al arroz justo antes de servir.

Este arroz debe quedar jugoso, por lo que es conveniente agregar más caldo o agua si fuese necesario.

2. Agregar el hogao y las pimientas y mezclar bien.

3. Añadir la manteca de cerdo y el arroz y cocinar durante unos 20 minutos.

1. Freír la longaniza en una sartén e incorporarla a la olla con las carnes.

4. Picar los huevos duros, mezclar con el cilantro y el perejil y agregar al arroz antes de servir.

— Cazuela de mariscos —

Ingredientes para 8 personas:

2 lb de almejas en su concha
1 1/2 lb de langostinos
1 taza de vino blanco
1/2 lb de zanahorias ralladas
3 tallos de apio picados
1 pimentón rojo picado
1 pimentón verde picado
1 lb de calamares, cortados en tiritas
Orégano y tomillo al gusto
1 taza de hogao
1/2 taza de pasta de tomate
1 1/2 lb de corvina o pargo troceado
1 lb de camarones tigre, cocidos
1 taza de crema de leche (opcional)
Sal y pimienta

Poner las almejas en una olla, añadir una taza de agua y cocinar, a fuego alto, hasta que se abran. Escurrirlas, reservando el caldo de cocción, y retirarlas de la concha (conservando algunas en ella).

Cocinar los langostinos en aproximadamente un litro de agua, escurrirlos, reservando su caldo de cocción, y pelarlos.

A continuación, colar el caldo de las almejas y de los langostinos, verter ambos en una olla y añadir el vino blanco; agregar las zanahorias, el apio, el pimentón rojo y el verde picados, los calamares y orégano, tomillo, sal y pimienta al gusto, poner a fuego medio y cocinar durante aproximadamente unos 15 minutos.

Poner el hogao junto con la pasta de tomate en una sartén a fuego medio, añadir los langostinos, las almejas, sin la concha, y la corvina o el pargo, cocinar durante unos minutos e incorporar a la olla.

Por ultimo, añadir las almejas con las conchas y los camarones tigre cocidos, pasar la preparación a una fuente y servir. Si desea utilizar la crema de leche, debe verterla sobre el guiso una vez que éste esté distribuido en los platos.

1. Poner las almejas en una olla, con una taza de agua y cocinar hasta que se abran.

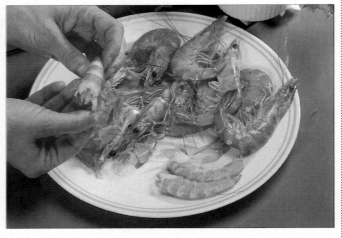

2. Cocinar los langostinos en un litro de agua, escurrirlos, reservando el agua y pelarlos.

3. Calentar el caldo de las almejas y los langostinos, añadir el vino e incorporar las verduras, los calamares y las hierbas.

4. Calentar el hogao, sofreír en él los langostinos, las almejas y la corvina, y agregar a la olla.

— Empanadas de pipián —

Ingredientes para 6 u 8 personas:

2 lb de masa hecha el día anterior
2 cucharadas de fécula de maíz
Abundante aceite o manteca para freír las empanadas

Para el pipián:

2 lb de papas coloradas
1 taza de hogao
1/2 taza de maní tostado y molido
1 huevo duro picado
2 cucharaditas de achiote
Sal

Primeramente, preparar el pipián: pelar las papas y trocearlas. Calentar abundante agua con sal en una olla a fuego medio y cocinar las papas hasta que estén bien tiernas; escurrirlas, pasarlas a un recipiente y añadir el hogao, el maní, el huevo duro y el achiote, revolviendo bien de manera que las papas se deshagan ligeramente formando una mezcla homogénea.

A continuación, mezclar la masa con la fécula de maíz, trabajándola bien hasta que quede homogénea, formar con esta masa unas bolitas, ponerlas entre hojas plásticas transparentes (u hojas de plátano) y aplanarlas de manera que se obtengan unos discos de masa.

Distribuir sobre los discos de masa obtenidos el pipián anteriormente preparado y doblarlos sobre sí mismos para formar las empanadas; cerrarlas presionando bien los bordes con un tenedor y freírlas en abundante aceite o manteca bien caliente, hasta que estén doradas.

1. Mezclar las papas cocinadas con el hogao, el maní, el huevo duro y el achiote.

2. Mezclar la masa con la fécula de maíz, trabajándolas hasta que quede bien homogénea.

3. Formar bolitas, aplanarlas para obtener discos de masa y distribuir sobre ellos el pipián.

4. Cerrar los discos formando las empanadas, sellar los bordes con un tenedor, y freír.

— Indios —

Ingredientes para 4 personas:

8 hojas de repollo grandes
4 cucharadas de aceite
1 pimentón rojo picado
1/2 cebolla picada
2 dientes de ajo machacados
2 tomates pelados
1/2 lb de carne molida de cerdo
1/2 lb de carne molida de res
1/2 taza de miga de pan desmenuzada
1 huevo duro picado
1/2 taza de hogao
1/2 taza de leche
2 cucharadas de mantequilla
1/2 taza de caldo de gallina
Pimienta
Sal

Cocinar las hojas de repollo en agua hirviendo con sal, y dejarlas escurrir, extendidas, sobre una superficie lisa.

Calentar la mitad del aceite en una sartén al fuego y rehogar el pimentón, la cebolla y los ajos, durante unos minutos; incorporar los tomates picados, continuar cocinando 5 minutos más y pasar este preparado a un recipiente.

Mezclar las carnes molidas con la miga de pan desmenuzada y sal y pimienta al gusto y rehogarlas en una sartén al fuego con el aceite restante. Retirarlas de la sartén, agregar el huevo duro picado e incorporar al sofrito de tomate, anteriormente preparado.

Distribuir el relleno preparado sobre las hojas de repollo y formar los paquetes, atándolos con un poco de hilo. Poner los paquetes en una olla, verter por encima el hogao, previamente mezclado con la leche, agregar la mantequilla troceada y cocinar, a fuego muy bajo y con la olla tapada, durante unos 15 minutos, añadiendo poco a poco el caldo.

1. Cocinar las hojas de repollo en agua hirviendo con sal y a continuación dejarlas escurrir.

2. Sofreír el pimentón, la cebolla, los ajos y los tomates, e incorporar las carnes rehogadas con la miga de pan y el huevo duro.

3. Distribuir el relleno sobre las hojas de repollo y formar paquetes.

4. Añadir el hogao mezclado con la leche, y cocinar.

— Lentejas estofadas —

Ingredientes para 6 personas:

1 lb de lentejas
1/2 lb de longaniza o chorizo
1 taza de hogao
Orégano y tomillo en polvo
Comino al gusto
1/2 lb de papas, peladas y picadas
1/2 taza de crema de leche (opcional)
Sal

Poner las lentejas en un recipiente, cubrirlas con agua y dejarlas en remojo durante 6 u 8 horas.

Transcurrido el tiempo de remojo de las lentejas, escurrirlas, pasarlas a una olla, cubrirlas de nuevo con agua y cocinar durante aproximadamente 1 hora o hasta que estén tiernas pero no demasiado.

Cortar el chorizo o la longaniza en rodajas y freírlo ligeramente en una sartén al fuego.

Cuando las lentejas estén tiernas, añadir a la olla el chorizo y a continuación, el hogao, el orégano, el tomillo, el comino y sal al gusto.

Por último, incorporar las papas a las lentejas, continuando la cocción hasta que todo esté en su punto. Agregar la crema, si la utiliza, antes de servir.

1. Cocinar las lentejas remojadas, durante 1 hora.

2. Cortar el chorizo en rodajas y freír ligeramente.

3. Añadir el chorizo a la olla junto con el hogao, las hierbas y sal.

4. Incorporar las papas y cocinar hasta que todo esté tierno.

44

— Migas de arepa —

Ingredientes para 6-8 personas:

1 1/2 lb de arepas del día anterior
1 taza de leche
1 taza de hogao
6 huevos
Pimienta
Sal

Cortar en trocitos las arepas sobre un recipiente, verter por encima la leche y dejarlas reposar durante unos minutos para que esponjen.

A continuación, poner el hogao en una sartén al fuego y calentar durante unos minutos.

Mientras tanto, batir los seis huevos. Seguidamente, añadir al hogao las migas de arepas remojadas en leche, sal y pimienta al gusto y los huevos batidos, mezclar bien con una cuchara de madera y continuar cocinando hasta que los huevos estén cuajados.

1. Cortar en trocitos las arepas sobre un recipiente.

2. Verter por encima la leche y dejar hasta que esponjen.

3. Calentar el hogao y añadir los trocitos de arepa remojados.

4. Incorporar los huevos y cocinar hasta que cuajen.

── Torta de espinacas ──

Ingredientes para 4-6 personas:

1 lb de espinacas, congeladas
1 taza de salsa blanca
4 huevos
2 huevos duros, cortados en rebanadas
1/4 lb de tocineta frita y cortada en trocitos
2 cucharadas de miga de pan desmenuzada
2 cucharadas de mantequilla
Sal y pimienta

Descongelar las espinacas, ponerlas en el vaso de la licuadora, añadir la salsa blanca y licuar durante unos minutos.

A continuación, pasar la mezcla de espinacas y salsa blanca a un recipiente, añadir los cuatro huevos previamente batidos y sazonar con sal y pimienta al gusto.

Seguidamente, verter la mitad de este preparado en una fuente refractaria honda, poner encima las rebanadas de huevo duro, agregar la tocineta frita y cubrir con el resto de la mezcla de espinacas.

Por último, salpicar la superficie con la miga de pan, distribuir por encima la mantequilla en trocitos e introducir en el horno, precalentado a 165° C (325° F), con el broiler encendido, y cocinar hasta que la torta esté cuajada y la superficie esté bien dorada.

1. Licuar las espinacas con la salsa blanca y verter en un recipiente.

2. Agregar los huevos, previamente batidos, y sazonar.

3. Verter la mitad de la mezcla en una fuente refractaria. Poner encima las rebanadas de huevo y la tocineta.

4. Cubrir con la mezcla de espinacas restante, espolvorear con la miga de pan desmenuzada y hornear.

— Torta de repollo —

Ingredientes para 6-8 personas:

1 repollo de 2 lb aproximadamente
3 cucharadas de vinagre
3 cucharadas de mantequilla
3 cebollas largas picadas
1 taza de leche
1 cucharada de perejil fresco, picado
8 cucharadas de queso rallado
4 huevos
2 cucharadas de miga de pan desmenuzada
Sal
Salsa de tomate para acompañar

Trocear el repollo y cocinar en abundante agua con el vinagre y sal hasta que esté tierno; escurrirlo y picarlo.

Derretir dos cucharadas de mantequilla en una sartén al fuego y sofreír la cebolla; cuando esté dorada, pasarla a un recipiente y mezclarla con el repollo, la leche, el perejil, el queso y los huevos previamente batidos.

A continuación, engrasar un molde de corona con la mantequilla restante y verter en él la mezcla anteriormente preparada; espolvorear la superficie con la miga de pan e introducirlo en el horno precalentado a 165° C (325° F), durante unos 30 minutos o hasta que la torta esté bien cuajada. Servir acompañada con salsa de tomate.

2. Sofreír la cebolla y mezclar con el repollo, la leche, el perejil, el queso y los huevos.

3. Engrasar un molde de corona con la mantequilla restante.

1. Trocear el repollo y cocinar en abundante agua con sal y vinagre. Escurrir y picar.

4. Verter en él la mezcla, espolvorear con la miga de pan, e introducir en el horno hasta que la torta esté cuajada.

— Cóctel de camarones y aguacate —

Ingredientes para 4 personas:

20 camarones
2 aguacates
El jugo de 2 limones
2 tomates
1/2 cebolla larga
1/2 lechuga
1 taza de salsa rosada
Cilantro fresco picado

Cocinar los camarones en agua hirviendo salada durante 2 minutos, escurrirlos, pelarlos y picarlos, reservando 8 enteros.

Seguidamente, partir los aguacates por la mitad, en sentido longitudinal, eliminar el hueso y cortar la pulpa en trocitos, ponerla en un recipiente y rociarla con el jugo de limón para que no se ennegrezca.

A continuación, picar los tomates, la cebolla y la lechuga y mezclar estos ingredientes, con los camarones troceados y los aguacates.

Por último, distribuir el preparado anterior en recipientes individuales, repartir entre ellos los 8 camarones reservados enteros, añadir la salsa rosada y servir el cóctel salpicado con el cilantro finamente picado y decorado, si se desea, con aguacate.

1. Cocinar los camarones en agua hirviendo con sal, pelarlos y cortarlos en trocitos.

2. Pelar los aguacates, eliminar el hueso, cortarlos en trocitos y rociarlos con el jugo de limón.

3. Picar los tomates, la lechuga y la cebolla y mezclar con los camarones y los aguacates.

4. Repartir la mezcla en recipientes individuales, poner los camarones enteros, añadir la salsa rosada y servir.

— Fríjoles con pezuña —

Ingredientes para 8-10 personas:

1 lb de fríjoles rojos
1/2 lb de cuero de cerdo picado
1/2 lb de pezuñas de cerdo picadas (preferiblemente ahumadas)
2 plátanos verdes, pelados y picados con la uña
1 1/2 tazas de hogao
1 zanahoria rallada
1/4 lb de auyama, pelada y picada
1/2 plátano maduro, pelado y picado
1 taza de chicharroncitos (opcional)
Sal y comino al gusto
Arroz blanco, patacones, aguacate y ají pique, para acompañar

Poner los fríjoles en un recipiente, cubrirlos con agua y dejarlos en remojo durante unas 8 horas.

Transcurrido el tiempo de remojo de los fríjoles, escurrirlos, ponerlos en una olla, cubrirlos de nuevo con abundante agua, agregar el cuero y las pezuñas de cerdo y cocinarlos, a fuego bajo, durante aproximadamente unas 2 y 1/2 horas o hasta que los fríjoles estén tiernos.

A continuación, añadir los plátanos verdes, sal y comino al gusto, mezclar y cocinar, a fuego medio 30 minutos más.

Seguidamente, incorporar el hogao (reservando aparte un poco), la zanahoria rallada, la auyama y el plátano maduro, y revolver, continuando la cocción, a fuego bajo, hasta que todo esté tierno.

(Si desea utilizar los chicharroncitos prepárelos dorándolos en aceite bien caliente y añadiéndolos al guiso al finalizar la cocción).

Por último, distribuir por encima de los fríjoles el hogao reservado y servirlos acompañados, si lo desea, con arroz blanco, patacones, aguacate y ají pique.

1. Poner los fríjoles en una olla con abundante agua, y añadir las pezuñas y el cuero de cerdo, y cocinar.

2. Agregar los plátanos verdes, cocinar e incorporar parte del hogao, la zanahoria, la auyama y el plátano maduro.

3. Freír los chicharrones en una sartén al fuego con aceite bien caliente y añadir el guiso.

4. Agregar el hogao restante y servir acompañado con arroz, aguacate, patacones y ají pique.

— Tortilla antioqueña —

Ingredientes para 6 personas:

2 rebanadas de pan del día anterior cortadas en trocitos
Aceite
1 plátano maduro
6 huevos
Mantequilla
2 chorizos desmenuzados
Sal

Dorar los trocitos de pan en aceite muy caliente, escurrir los fritos obtenidos sobre papel absorbente de cocina y ponerlos en un plato.

Pelar el plátano, cortarlo en cuadritos y freírlos en aceite bien caliente, hasta que estén dorados. Escurrirlos y ponerlos junto con el pan frito.

Cascar los huevos en un recipiente y batirlos.

A continuación, añadir a los huevos batidos el pan frito y los cuadritos de plátano fritos, salar al gusto y mezclar todo bien.

Seguidamente, calentar un poco de aceite y de mantequilla en una sartén al fuego y verter en ella el preparado anterior; cuando los huevos comiencen a cuajarse, incorporar los chorizos desmenuzados y continuar cocinando hasta que la tortilla esté cuajada al gusto.

1. Dorar los trocitos de pan y el plátano, y batir los huevos.

2. Añadir a los huevos batidos los trocitos de pan y el plátano fritos.

3. Poner la mezcla en una sartén caliente y cuajar ligeramente.

4. Incorporar los chorizos y terminar de cuajar, al gusto.

— Boronia —

Ingredientes para 6 personas:

4 berenjenas medianas, peladas y cortadas en trocitos
2 plátanos maduros, pelados y cortados en trozos
1 ó 2 cebollas largas, picadas
1 diente de ajo picado
2 ó 3 tomates maduros
Una pizca de achiote
Aceite
Sal

Calentar abundante agua con sal en una olla al fuego, añadir las berenjenas y los plátanos troceados y cocinar hasta que estén tiernos.

A continuación, escurrir los plátanos y las berenjenas, pasarlos a un recipiente y triturarlos con un tenedor hasta convertirlos en puré.

Calentar un poco de aceite en una sartén a fuego medio, agregar la cebolla y el ajo y cocinar; cuando la cebolla esté transparente, añadir los tomates previamente picados, el achiote y sal al gusto y freír durante unos 15 ó 20 minutos, revolviendo frecuentemente con una cuchara de madera.

Seguidamente, agregar parte del hogao preparado al puré de berenjenas y plátanos y mezclar bien.

Por último, pasar la preparación a una fuente, poner por encima el hogao restante y servir.

1. Cocinar las berenjenas y los plátanos, hasta que estén tiernos.

2. Escurrirlos, pasarlos a un recipiente y triturar con un tenedor.

3. Preparar un hogao con la cebolla, el ajo, los tomates pelados y picados y achiote y sal al gusto.

4. Mezclar parte del hogao con el puré de berenjenas y plátano y servir con el hogao restante por encima.

Cocido

Ingredientes para 6 personas:

1 1/2 lb de costilla de res cortada en trozos
1 repollo blanco pequeño, cortado en trozos
3 puerros cortados en trozos
2 mazorcas cortadas en trozos
2 plátanos verdes, pelados y cortados a mano, en trozos
6 papas peladas
2 yucas pequeñas, cortadas en trozos
3 zanahorias picadas (opcional)
1 batata
1 cebolla larga
2 dientes de ajo picados
1 pollo cortado en presas
1 1/2 lb de cola de cerdo cortada en trozos
Cilantro y perejil fresco, finamente picados
1 taza de hogao
Comino, pimienta, sal y color, al gusto

Poner 1 1/2 litros de agua en una olla a presión, añadir la costilla de res, y cocinar durante unos 30 minutos.

Transcurrido el tiempo indicado, retirar la costilla de la olla y pasar el caldo a una cacerola grande y honda.

Seguidamente, añadir a la cacerola todas las verduras y las hierbas, sazonar con sal, pimienta, comino y color al gusto y agregar la cantidad de agua necesaria para cubrir por completo las verduras.

A continuación, incorporar la cola de cerdo y el pollo y cocinar, a fuego medio, espumando la superficie de vez en cuando. Cuando el pollo esté tierno, retirarlo de la cacerola y continuar cocinando hasta que todo esté blando.

Añadir de nuevo la costilla y el pollo y cocinar durante 5 minutos más.

Por último, colocar sobre una fuente todos los ingredientes sólidos, poner sobre éstos el hogao y servirlos acompañados del caldo en tazas y de ají pique en un recipiente aparte.

1. Cocinar la costilla en una olla a presión con agua, 30 minutos.

2. Añadir al caldo colado las verduras picadas y troceadas.

3. Incorporar la cola de cerdo y el pollo cortado en presas, y cocinar hasta que todo esté tierno.

4. Colocar los ingredientes sólidos en una fuente y poner sobre ellos el hogao.

— Bagre sudado —

Ingredientes para 4 personas:

2 lb de bagre cortado en tajadas

El jugo de 1 limón

1 taza de hogao

1 cucharada de mantequilla

Unas ramitas de tomillo fresco

Comino al gusto

1 taza de leche

4 cucharadas de miga de pan desmenuzada

Perejil fresco, picado

Sal

Para acompañar:

Arroz blanco y patacones

Poner las tajadas de bagre en un recipiente, rociarlas con el jugo de limón y dejarlas reposar durante aproximadamente 1 hora.

A continuación, verter en una cacerola al fuego el hogao, la mantequilla, el tomillo y comino y sal al gusto; agregar la leche, revolver con una cuchara de madera y dejar que la mezcla se caliente.

Seguidamente, incorporar las tajadas de bagre, tapar el recipiente, y continuar cocinando, a fuego bajo, durante aproximadamente unos 20 minutos.

Por último, retirar el tomillo del guiso, incorporar la miga de pan y continuar cocinando unos minutos más, antes de servirlo salpicado con el perejil picado y acompañado del arroz blanco y los patacones.

1. Rociar las tajadas de bagre con el jugo de limón, y dejar reposar durante 1 hora.

2. Poner en una olla el hogao, la mantequilla, el tomillo, y comino y sal al gusto. Agregar la leche y revolver.

3. Incorporar las tajadas de bagre y cocinar 20 minutos.

4. Añadir la miga de pan desmenuzada y cocinar unos minutos más.

— Langostinos a la criolla —

Ingredientes para 4 personas:

1 lb de langostinos
El jugo de 1/2 limón (opcional)
1 coco
1 taza de hogao
3 dientes de ajo machacados
1 cucharada de tomillo en polvo
Perejil fresco picado
Sal y pimienta

Para acompañar:

Arroz blanco
1 aguacate

Verter abundante agua en un recipiente al fuego, añadir, si lo desea, el jugo de limón y sal. Poner al fuego y, cuando rompa a hervir, agregar los langostinos y cocinar durante unos minutos.

Seguidamente, escurrir los langostinos del líquido de cocción, pelar los cuerpos hasta la cola y cortarlos por la mitad, en sentido longitudinal, dejándolos unidos por la cola.

Partir el coco y retirar la pulpa, rallarla y extraer la leche añadiendo a la pulpa un poco de agua tibia y el agua que contiene el coco en su interior batiendo enérgicamente; seguidamente, colarla, verterla en una olla, incorporar el hogao, los ajos, el tomillo, y sal y pimienta al gusto y cocinar, a fuego bajo, unos minutos.

Por último, agregar los langostinos y cocinar durante 8 minutos. Servirlos acompañados del arroz blanco y del aguacate, previamente pelado y cortado en láminas, y salpicado todo con el perejil picado.

1. Cocinar durante unos minutos los langostinos en agua con sal.

2. Pelarlos hasta la cola. Cortar en sentido longitudinal y reservar.

3. Rallar la pulpa del coco y batir con un poco de agua tibia para extraer la leche. Colar, verter en una olla y agregar el hogao.

4. Incorporar los langostinos y cocinar durante unos 8 minutos, antes de servirlos con arroz blanco y aguacate.

— Sierra marinada —

Ingredientes para 4 personas:

2 lb de pez sierra u otro pescado de carne dura
El jugo de 2 limones
Nuez moscada en polvo, al gusto
Harina de trigo
Aceite para freír
Sal y pimienta

Para la marinada:

3 dientes de ajo
2 cebollas cabezonas, cortadas en aros finos
1 pimentón rojo, cortado en tiras finas
2 cucharadas de alcaparras
1 cucharada de mostaza
1 cucharada de azúcar
1/2 lb de aceite
1/2 lb de vinagre
1/2 cucharadita de pimienta negra en grano

Cortar el pez sierra en rebanadas gruesas y colocarlas en una fuente. Rociarlas con el jugo de limón, condimentar con sal, pimienta y nuez moscada y dejar reposar en el refrigerador durante 2 horas, asegurándose de que el pescado está bien cubierto. Seguidamente, retirar el pescado del adobo, secarlo, enharinarlo y freír en una sartén con aceite bien caliente, hasta que las rebanadas estén doradas. Colocarlas en una fuente esmaltada o de cristal, y reservar.

Por último, preparar la marinada. Machacar los ajos en el mortero junto con un poco de sal. Añadir todos los ingredientes restantes, revolver y cubrir el pescado con la mezcla. Dejar marinar en el refrigerador durante 24 horas, antes de consumirlo.

1. Colocar las rebanadas de pescado en una fuente y rociarlas con el jugo de limón.

2. Enharinarlas y freírlas en abundante aceite caliente hasta que estén bien doradas.

3. Machacar en el mortero los ajos con un poco de sal, y añadir los ingredientes restantes, mezclando todo bien.

4. Cubrir el pescado con la marinada preparada y dejar reposar durante 24 horas, antes de consumirlo.

— Pargo al limón —

Ingredientes para 8 personas:

1 pargo rojo de aproximadamente 4 lb, limpio y sin cabeza
2 cucharadas de mantequilla, ablandada a temperatura ambiente
4 dientes de ajo machacados
2 cebollas largas finamente picadas
1 cucharada de tomillo en polvo
El jugo de 2 limones
1 lb de yuca
Sal

Poner en un recipiente la mantequilla ablandada a temperatura ambiente, añadir los dientes de ajo machacados, las cebollas y el tomillo y mezclar bien estos ingredientes con un tenedor.

A continuación, incorporar a la mezcla anterior el jugo de limón y revolver, hasta obtener una pasta bien homogénea.

Salar el pargo por dentro y por fuera, colocarlo en una fuente refractaria, untarlo, de manera uniforme, con la pasta preparada y dejarlo reposar, en un lugar fresco, durante 1 hora.

Seguidamente, introducir el pargo en el horno, previamente calentado a 180° C (350° F) durante 30 minutos o hasta que el pescado esté asado en su punto.

Mientras tanto, pelar la yuca, cocinar en abundante agua salada hasta que esté tierna y cortarla en trozos.

Por último, servir el pescado acompañado de la yuca.

1. Mezclar en un recipiente la mantequilla con los ajos, las cebollas y el tomillo.

2. Incorporar el jugo de limón y revolver hasta que la mezcla esté homogénea.

3. Untar con la mezcla preparada el pargo, dejar reposar y a continuación, hornear.

4. Pelar la yuca, cocinarla hasta que esté tierna y cortarla en trozos regulares.

Viudo de capaz

Ingredientes para 8 personas:

2 cebollas largas
1 rama de cilantro fresco
1 rama de perejil fresco
4 plátanos verdes, pelados y cortados por la mitad en sentido longitudinal
2 lb de papas peladas parcialmente
4 arracachas peladas y cortadas por la mitad en sentido longitudinal
2 lb de yuca pelada y cortada en trozos
1 1/2 lb de auyama con cáscara, cortada en trozos
8 bocachicos de tamaño mediano, bien limpios
2 tazas de hogao
2 cucharadas de cilantro fresco finamente picado junto con 1 cebolla larga
Comino al gusto
Sal y Pimienta

Calentar abundante agua en una olla de barro al fuego, añadir las cebollas largas, las ramas de cilantro y de perejil, y sal, pimienta y comino al gusto y, cuando comience la ebullición, agregar los plátanos y cocinar durante 10 minutos.

A continuación, añadir las papas, las arracachas, la yuca y la auyama y continuar cocinando durante 10 minutos.

Seguidamente, incorporar a la olla los bocachicos y dejar cocinar, con el recipiente tapado, durante aproximadamente 15 minutos.

Transcurrido el tiempo de cocción indicado, retirar el pescado de la olla, así como el resto de los ingredientes, que deberá cortar en trozos más pequeños. Poner todo en un recipiente, distribuir por encima el hogao bien caliente y dejar reposar unos minutos.

Por último, verter el caldo de cocción en un recipiente aparte, con el cilantro picado junto con la cebolla y servirlo acompañando al pescado con las verduras.

1. Cocinar los plátanos durante 10 minutos, en una olla con agua, las cebollas, las ramas de cilantro y de perejil, y sal.

2. Añadir las papas, las arracachas, la yuca y la auyama y cocinar 10 minutos más.

3. Incorporar a la olla los bocachicos y cocinar durante unos 15 minutos.

4. Poner en un recipiente, cubrir con el hogao y servir con el caldo en un recipiente aparte.

— Langosta a la cartagenera —

Ingredientes para 4 personas:

1 langosta de aproximadamente unas 3 lb
2 cucharadas de mantequilla
2 cebollas picadas
3 tomates pelados y picados
1 cucharada de salsa de tomate
1 cucharada de salsa inglesa
2 cucharadas de miga de pan desmenuzada
3 huevos
Aceite para freír
Sal

Cocinar la langosta en agua hirviendo salada durante 5 minutos. Sacarla del agua, dejar que se enfríe, retirar las patas y la cabeza y abrirla por el pecho, teniendo cuidado de no romper el caparazón. Extraer la carne y picarla finamente. Cortar el caparazón en anillos de 5 centímetros de grosor.

A continuación, calentar en una sartén al fuego la mantequilla y dorar las cebollas; añadir los tomates, la salsa de tomate, la salsa inglesa, la miga de pan y la carne de la langosta y dejar que se rehogue todo junto, revolviendo de vez en cuando con una cuchara de madera.

Seguidamente, rellenar los anillos formados con el caparazón de la langosta con el relleno preparado.

Por último, separar las claras de huevo de las yemas y montar las primeras a punto de nieve, incorporar cuidadosamente las yemas y pasar por esta mezcla los anillos de langosta rellenos, antes de dorarlos en el aceite bien caliente.

1. Cocinar la langosta en agua hirviendo salada, extraer la carne, sin romper los caparazones, y desmenuzarla.

2. Cortar el caparazón de la langosta en anillos de aproximadamente unos 5 centímetros.

3. Sofreír las cebollas, los tomates, la salsa de tomate, la salsa inglesa y la miga de pan. Añadir la carne de langosta y rehogar.

4. Rellenar con el preparado, los anillos de langosta.

5. Pasar por huevo y freír en aceite bien caliente.

— Fricasé de pollo —

Ingredientes para 4 personas:

1 pollo
5 cucharadas de aceite
6 dientes de ajo picados
2 cebollas grandes, partidas en trozos
2 lb de papas pequeñitas, peladas
2 cucharadas de alcaparras
Vinagre al gusto
Sal

Calentar el aceite en una sartén grande a fuego medio y dorar los ajos picados. Retirarlos de la sartén con ayuda de una espumadera, desecharlos, agregar las cebollas y rehogar. Cuando las cebollas estén transparentes, añadir el pollo, previamente cortado en presas, y dorarlo de manera uniforme.

Incorporar las papas, sazonar y mezclar bien. Cocinar durante unos minutos, revolviendo de vez en cuando.
Añadir las alcaparras, el vinagre y 1 taza de agua y continuar cocinando, hasta que el pollo esté tierno y las papas ligeramente deshechas.
Servir con arroz blanco y decorar al gusto.

1. Rehogar las cebollas hasta que estén transparentes.

2. Agregar el pollo y freír hasta que esté bien dorado.

3. Incorporar las papas, salar, mezclar bien y cocinar durante unos minutos.

4. Agregar las alcaparras, el vinagre y 1 taza de agua, y cocinar hasta que todo esté tierno.

— Pavo relleno a la criolla —

Ingredientes para 8-10 personas:

1 pavo de unas 5 ó 6 lb, bien limpio
350 g de carne molida de cerdo
200 g de cebolla picada
3 dientes de ajo picados
300 g de tomate picado
100 g de aceitunas, picadas
Vinagre y agua al gusto
1 lb de papas, peladas y cortadas en trozos
2 cucharadas de mantequilla
2 cucharadas de pasta de tomate
Sal

En un recipiente refractario mezclar la carne molida, la cebolla, los ajos, sal, los tomates, las aceitunas y vinagre al gusto. Poner al fuego y cocinar a fuego medio unos minutos.

A continuación, incorporar las papas troceadas y continuar la cocción hasta que éstas estén tiernas y la carne bien dorada.

Seguidamente, rellenar el pavo con la mezcla de carne y coser la abertura para que el relleno no se salga durante la cocción.

Colocarlo en una lata de horno y rociar con una mezcla, preparada con la mantequilla, la pasta de tomate, y vinagre y agua al gusto.

Introducir en el horno, a 180° C (350° F), y cocinar durante 2 horas, rociando el pavo con su jugo varias veces, durante la cocción. Subir la temperatura a 205° C (400° F) y continuar cocinando 30 minutos más, o hasta que el pavo esté tierno y bien dorado.

Servir decorado al gusto.

1. Mezclar en un recipiente la carne, la cebolla, los ajos, los tomates, las aceitunas, sal y vinagre.

2. Cocinar durante unos minutos. Agregar las papas y continuar la cocción hasta que estén tiernas.

3. Rellenar el pavo con la mezcla cocinada.

4. Coser la abertura, para que el relleno no se salga y hornear.

— Pichones santanderianos —

Ingredientes para 4 personas:

4 pichones, limpios
1 limón
2 cucharadas de mantequilla
1/2 pimentón rojo
1 cebolla
2 dientes de ajo pelados
Unas ramitas de perejil, al gusto
Unas hojitas de hierbabuena fresca, al gusto
1 1/2 tazas de agua
Sal, comino y pimienta

Una vez bien limpios los pichones, frotarlos con el limón. En una cacerola, derretir la mantequilla y dorar los pichones por todos lados. Retirar del recipiente y reservar. Picar finamente el pimentón, la cebolla, los ajos, el perejil y la hierbabuena, y sofreír en la misma grasa de dorar los pichones. Sazonar con sal, pimienta y comino, y mezclar bien. Incorporar los pichones a la cacerola, revolver bien y cocinar a fuego bajo unos minutos. Añadir el agua, rectificar la sazón y cuando comience la ebullición, tapar y cocinar 20 minutos más.

Servir con arroz blanco y granos de maíz cocidos.

1. Limpiar bien los pichones y frotarlos con el limón.

2. Dorar los pichones en la mantequilla caliente, y reservar.

3. Picar finamente el pimentón, la cebolla, los ajos, el perejil y la hierbabuena.

4. Incorporar los pichones a la cacerola, añadir el agua, y cocinar con el recipiente tapado.

— Pollo con alverjas y tocineta —

Ingredientes para 4 personas:

1 pollo, cortado en presas
2 cebollas finamente picadas
1 cucharada de salsa inglesa
2 dientes de ajo finamente picados
6 tajadas de tocineta
1 taza de puré de tomate
1 cucharada de alcaparras
1 taza de alverjas cocidas
Queso parmesano rallado
Comino, sal y pimienta al gusto

Preparar un adobo con las cebollas, la salsa inglesa, los ajos, comino, sal y pimienta, untar las presas de pollo con él y dejar reposar durante 1 hora.

Poner el pollo con su adobo en una cazuela (sin agua, ya que las cebollas sueltan líquido), y cocinar a fuego bajo durante unos minutos. Agregar la tocineta partida en trocitos y cocinar hasta que el pollo esté medio cocido. Añadir el puré de tomate y continuar la cocción hasta que el pollo esté tierno. Si fuera necesario, rociar con un poquito de agua.

Retirar del fuego, colocar el pollo con su salsa en una refractaria, incorporar las alcaparras y las alverjas y salpicar todo con queso parmesano. Meter en el horno con el broiler encendido durante unos minutos para que se dore la superficie y servir, si se desea, con granos de maíz cocidos.

1. Preparar un adobo con las cebollas, la salsa inglesa, los ajos, comino, sal y pimienta, y untar el pollo con el mismo.

2. Cocinar el pollo con su adobo durante unos minutos y agregar la tocineta.

3. Incorporar el puré de tomate y cocinar hasta que el pollo esté tierno.

4. Agregar las alcaparras y las alverjas, salpicar con queso y hornear unos minutos.

— Sancocho de gallina —

Ingredientes para 8-10 personas:

1 gallina grande, cortada en presas
1 cebolla cabezona picada
1 taza de tomate maduro, pelado y picado
2 cucharadas de mantequilla
2-3 dientes de ajo picados
10 tazas de caldo de gallina
2 mazorcas tiernas, cortadas en trozos
2 plátanos verdes, cortados en trozos
2 plátanos maduros, cortados en trozos
2 yucas, peladas y cortadas en trozos
8 papas peladas
Color (opcional)
Cilantro fresco picado
Sal, pimienta y comino, al gusto

Poner en un recipiente la gallina con la mitad de la cebolla y del tomate y dejar adobar durante 2 horas.

Derretir la mantequilla a fuego alto y sofreír la cebolla y el tomate restantes, junto con los ajos, durante 5 minutos.

Poner en una olla el caldo, el sofrito de tomate, la gallina, las mazorcas y los plátanos verdes, tapar y cocinar 1 hora o hasta que la gallina comience a ablandar. Retirar las mazorcas de la olla y reservar calientes en un recipiente de servir. Agregar los plátanos maduros, las yucas, las papas y condimentar al gusto con el color, si lo utiliza, sal, pimienta y comino. Añadir más caldo si fuera necesario, tapar y continuar la cocción hasta que todo esté tierno.

Retirar del fuego, pasar todo al recipiente con las mazorcas, revolver bien y salpicar con cilantro al gusto.

Servir bien caliente.

1. Adobar la gallina con la mitad del tomate y la cebolla, picados.

2. Sofreír el tomate y la cebolla restante, junto con los ajos.

3. Verter en una olla el caldo, el sofrito, la gallina, las mazorcas y los plátanos verdes, y cocinar 1 hora.

4. Una vez todo cocinado, pasar a un recipiente de servir y salpicar con cilantro.

— Gallina guisada con coco —

Ingredientes para 6 personas:

1 gallina grande, cortada en presas
3 tomates grandes
Aceite para freír
10 ajíes pequeños, cortados en pedacitos
2 cebollas, cortadas en pedacitos
1 cucharadita de comino
La primera leche de 1 coco
Sal al gusto
Arroz blanco y arepas, para acompañar

Pasar los tomates por agua caliente para quitarles la piel, retirar las semillas y triturarlos.

Poner la gallina en una olla con aceite y dorar a fuego alto. Añadir los ajíes, las cebollas, el comino y el tomate triturado, llevar al fuego, sazonar al gusto, añadir la leche de coco y cocinar, revolviéndola de vez en cuando, hasta que la gallina esté tierna y la salsa haya reducido un poco.

Antes de servir, pasar la salsa por un colador, presionando los condimentos para que se espese. Acompañar con arroz blanco y arepas.

1. Lavar bien la gallina, secarla, cortar en presas y dorarla en una olla con el aceite caliente.

2. Añadir los ajíes, las cebollas, el comino y el tomate triturado, y sazonar al gusto.

3. Incorporar la leche de coco y cocinar hasta que la gallina esté tierna.

4. Poner en una fuente y rociar con su salsa, pasándola a través de un colador.

— Albondigón —

Ingredientes para 8-10 personas:

1 lb de carne molida de res
1 lb de carne molida de cerdo
125 g de tocineta, picada en trozos pequeños
2 cebollas cabezonas ralladas
2 dientes de ajo picados
1 taza de miga de pan desmenuzada
2 huevos batidos
1 cucharada de mostaza
2 cucharadas de perejil fresco, picado
3 huevos cocidos
1 pimentón rojo, cortado en tiras
2 zanahorias cocidas y cortadas en tiras
2 dientes de ajo enteros
1 cebolla partida en trozos,
1 zanahoria grande partida en trozos
Agua, para cocer el rollo
Sal y pimienta

Mezclar las carnes, la tocineta, las cebollas ralladas, los ajos picados, la miga de pan, los huevos batidos, la mostaza, el perejil, sal y pimienta. Amasar bien y extender sobre un lienzo. En el centro de la mezcla de carne, colocar los huevos cocidos, enteros, las tiras de pimentón y las de zanahoria, y enrollarlo ayudándose con el lienzo, envolviendo bien el relleno.

Introducir el rollo en una olla con los ajos, la cebolla y la zanahoria, partidas en trozos, cubrir con agua y cocinar durante 1 hora.

Retirar del caldo, dejar enfriar, quitar el lienzo y partir en rodajas. Servir decorado con rodajas de pepino, tomatitos y mayonesa con alcaparras.

1. Mezclar las carnes con la tocineta, la cebolla, el ajo, el pan, la mostaza, los huevos, el perejil y sal y pimienta.

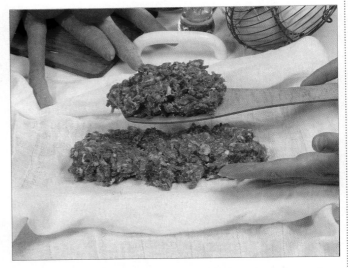

2. Amasar bien la mezcla y a continuación extenderla sobre un lienzo dándole forma alargada.

3. Poner sobre las carnes, los huevos, el pimentón y las zanahorias, y enrollarlo bien con el lienzo.

4. Poner el rollo en una olla con el agua, los ajos, la cebolla y la zanahoria, y cocinar 1 hora.

— Bandeja paisa —

Ingredientes para 6 personas:

2 tazas de fríjoles rojos
2 cucharadas de aceite
2 lb de carne molida de res
1 taza de hogao
2 lb de tocineta
6 huevos
Sal

Para el ají pique:
Cebolla larga, cilantro, tomate, semillas de ají, sal, vinagre y color

Poner los fríjoles en remojo durante toda la noche, en abundante agua fría. Transcurrido el tiempo de remojo de los fríjoles, cocinarlos en el agua del remojo, con la mitad del aceite y cuando estén medio cocidos, sazonar con sal al gusto.

Hacer un sofrito con la carne molida y el aceite restante, añadir la mitad del hogao, revolver con una cuchara de madera y cocinar durante unos minutos.

Cortar la tocineta en trozos y freírla en la grasa que suelte, hasta que se hagan chicharrones.

Cuando los fríjoles estén cocinados, agregar el hogao restante y cocinar 5-10 minutos más.

Mezclar los ingredientes para el ají pique finamente picados, con un poco de agua y revolver bien. Freír los huevos, preparar arepas y patacones, y servir todo en una bandeja, acompañado de arroz blanco y aguacate.

1. Poner los fríjoles en remojo durante toda la noche.

2. Cocinarlos en el agua del remojo con 1 cucharada de aceite.

3. Sofreír la carne en el aceite restante, y añadir la mitad del hogao.

4. Cortar la tocineta en trozos y freír en su propia grasa hasta que se hagan chicharrones.

5. Freír los huevos, preparar arepas y patacones y mezclar los ingredientes del ají pique.

— Costillas de cerdo rellenas —

Ingredientes para 6 personas:

6 costillas de cerdo de 3 cm de gruesas

Mostaza

1 cucharada de manteca de cerdo

3 manzanas

Sal

Para el relleno:

1 cebolla picada

3 cucharadas de mantequilla

1 cucharada de pimentón verde picado

2 cucharadas de apio picado

1 cucharadita de sal

1/2 taza de migas de pan suavizadas con leche

Preparar el relleno: dorar la cebolla en la mantequilla caliente, agregar el pimentón, el apio, la sal y las migas de pan, mezclar bien y rehogar unos minutos más.

Hacer un corte en cada costilla por la mitad de su grueso, hasta llegar al hueso, pero sin separar la carne de él, y sazonar por dentro y por fuera.

Untar la parte de dentro de las costillas con mostaza y rellenarlas con la mezcla de pan, anteriormente preparada.

Dorar ligeramente las costillas rellenas en una sartén con la manteca derretida y pasarlas a una lata de horno. Colocar sobre cada costilla media manzana, con el centro quitado pero sin pelar, e introducir en el horno a 165° C (325° F), durante 1 hora, o hasta que las costillas y las manzanas estén cocidas.

1. Dorar la cebolla, añadir el pimentón, el apio y las migas de pan con leche, y rehogar.

2. Cortar las costillas por la mitad de su grosor, hasta llegar al hueso, teniendo cuidado de no separar la carne de él.

3. Sazonar cada chuleta por fuera y por dentro y untar el interior con mostaza.

4. Rellenar con la mezcla de miga de pan. Poner 1/2 manzana sobre cada una y hornear.

— Estofado de res —

Ingredientes para 6 personas:

2 lb de cadera de res
5 cucharadas de aceite
4 dientes de ajo machacados
2 cebollas cabezonas picadas
2 zanahorias picadas
Harina de trigo
1/2 taza de puré de tomate
1 taza de caldo de res
1 clavo de olor
1 hoja de laurel
1 lb de papas peladas y cortadas en cuadritos
Sal, pimienta y ají al gusto

Cortar la carne en cubos regulares con ayuda de un cuchillo bien afilado.

A continuación, poner el aceite en una cazuela a fuego medio y dorar los ajos machacados junto con las cebollas y las zanahorias picadas. Retirar y reservar.

Enharinar la carne ligeramente y dorarla en el mismo aceite de las zanahorias.

Seguidamente añadir el puré de tomate diluido en el caldo, el clavo, el laurel, sal, pimienta y ají al gusto. Tapar la cazuela y cocinar a fuego bajo hasta que la carne empiece a ablandarse. Por último, agregar las papas y los ingredientes anteriormente reservados, y dejar en el fuego hasta que las papas estén tiernas.

1. Poner la carne de res sobre una tabla de madera y cortarla en cubos regulares.

2. Dorar en el aceite caliente los ajos, las cebollas y las zanahorias. Retirar y reservar.

3. Enharinar los cubos de carne y a continuación dorarlos en el mismo aceite de las zanahorias.

4. Incorporar el puré de tomate diluido en el caldo, el clavo, el laurel, sal, pimienta y ají, y cocinar.

— Mondongo —

Ingredientes para 6 personas:

1 lb de mondongo
1 lb de carne de cerdo
2 chorizos
1 pezuña de cerdo, cortada en trozos
1 tomate
1 cebolla larga
3 lb de papas
1/4 de lb de batata (opcional)
Achiote y sal al gusto

Picar el mondongo y la carne de cerdo en trocitos, y los chorizos en rodajas.

Poner en una olla con agua el mondongo, la carne, la pezuña de cerdo y los chorizos y llevar al fuego. Picar el tomate y la cebolla, mezclar con el achiote, añadir a la olla, sazonar y cocinar hasta que el mondongo esté tierno.

Por último, incorporar las papas, peladas y cortadas en trocitos pequeños y la batata, si la utiliza, y cocinar hasta que estén tiernas.

Servir con arroz blanco y patacones.

1. Picar la carne de cerdo y el mondongo en trocitos y cortar los chorizos en rodajas.

2. Poner en una olla con agua la carne, el mondongo, la pezuña y los chorizos y dejar hervir.

3. Picar el tomate y la cebolla, mezclar con el achiote, agregar a la olla y cocinar hasta que el mondongo esté blando.

4. Incorporar las papas previamente peladas y cortadas en trocitos y cocinar hasta que estén tiernas.

— Pernil de cerdo —

Ingredientes para 20 personas:

1 pernil de cerdo de 10 lb, limpio de tocino o grasa

1/2 taza de agua

2 tazas de cerveza rubia

1 taza de jugo de naranja

2 cucharadas de panela raspada

4 ajíes dulces molidos

2 cebollas cabezonas ralladas

1 tomate, pelado y picado

1 pimentón sin semillas y picado

4 dientes de ajo finamente picados

*2 cucharadas de una mezcla de tomillo, laurel, mejorana,
salvia y perejil, molidos*

Sal y pimienta al gusto

Acompañamientos:

*Lechuga, papas pequeñas cocidas, trocitos de piña, o
cualquier otro acompañamiento a su elección.*

Poner todos los ingredientes, excepto la carne, el agua, la cerveza y el jugo de naranja, en una licuadora, y licuar finamente. Pasar a un recipiente hondo, añadir el jugo de naranja y mezclar bien.

Con un tenedor grande, pinchar toda la superficie del pernil, colocarlo en una lata honda y cubrirlo con el adobo, dándole vueltas para que se impregne bien.

Rociar seguidamente con el agua y la cerveza y dejar marinar en el refrigerador durante 2 días, bañándolo con el adobo y volteándolo varias veces.

Pasado este tiempo, cubrir con papel de aluminio e introducir en el horno precalentado a 165° C (325° F) durante 1 hora. Subir la temperatura a 180° C (350° F) y cocinar de 3 a 4 horas, rociándolo con la salsa de vez en cuando. Retirar del horno y dejar enfriar.

Servir al día siguiente, acompañado de la salsa y una guarnición de lechuga, papas pequeñas cocidas y trocitos de piña, o al gusto.

1. Licuar todos los ingredientes excepto la carne, y los ingredientes líquidos. Agregar el jugo de naranja y mezclar bien.

2. Cubrir la carne con el adobo, dándole la vuelta para que se impregne bien.

3. Rociar con el agua y la cerveza y dejar marinar 2 días en el refrigerador.

4. Cubrir con papel de aluminio y hornear, rociándolo con la salsa de vez en cuando.

— Punta de anca horneada —

Ingredientes para 4-6 personas:

2 lb de punta de anca (punta de cadera)
1 cebolla cabezona finamente picada
1 cebolla junca (larga), picada
2 tomates maduros, pelados y finamente picados
2 cucharadas de jugo de limón
1 cucharada de azúcar
Perejil fresco picado
Aceite
Sal y pimienta

Limpiar la carne de nervios, dejándole la grasa que tenga, y con ayuda de un cuchillo afilado, hacer unos cortes por todos lados.

Preparar un adobo con las cebollas, los tomates, el jugo de limón, el azúcar, perejil picado, sal y pimienta, y revolver bien.

Poner la carne en una fuente, cubrirla con la mezcla preparada, asegurándose que la salsa penetre bien en los cortes practicados, y dejar en el refri-gerador hasta el día siguiente, dándole la vuelta al cabo de unas horas.

Colocar la carne con su adobo en una lata de horno, rociar con aceite al gusto, e introducir en el horno, precalentado a 180° C (350° F), durante 1 hora, hasta que la carne esté dorada y tierna. Retirar del horno y dejar enfriar un poco.

Cortar la carne en rebanadas, y servir con su salsa, previamente licuada, y acompañada de papas horneadas.

1. Limpiar bien la carne y hacer unos cortes por todos lados.

2. Preparar un adobo con todos los ingredientes restantes.

3. Cubrir la carne con la mezcla preparada y dejar en el refrigera-dor, hasta el día siguiente.

4. Poner en una lata de horno, rociar con aceite y hornear durante 1 hora, aproximadamente.

Sobrebarriga con papas chorreadas

Ingredientes para 8-10 personas:
4 lb de sobrebarriga

2 cebollas largas

2 cebollas cabezonas, peladas y picadas

4 dientes de ajo majados (triturados)

1 ramillete de hierbas (orégano, tomillo, laurel, cilantro, mejorana, etc.)

1 taza de miga de pan desmenuzada

3/4 l de cerveza rubia

Sal y pimienta al gusto

Arroz blanco, para acompañar

Para las papas:
3 lb de papas

2 cucharadas de aceite

2 tomates maduros, pelados y picados

4 cebollas juncas (largas), cortadas en tiritas

1/2 taza de natas de leche

1/2 lb de queso rallado

Comino, sal y pimienta, al gusto

Limpiar de grasa la sobrebarriga y cortar en trozos grandes y regulares.

Poner a cocinar a fuego alto en abundante agua, con las cebollas, los ajos, las hierbas, sal y pimienta, durante 3 horas.

Retirar del fuego, escurrir la carne y ponerla sobre una lata de horno engrasada. Salpicar con la miga de pan, rociar con la cerveza y meter en el horno, precalentado a 190° C (375° F), durante 20 minutos, rociándola de vez en cuando con su salsa.

Mientras tanto, preparar las papas chorreadas: pelar parcialmente las papas y cocinarlas en agua con sal durante 45 minutos. Hacer un sofrito con el aceite, los tomates, las cebollas, las natas, el queso, comino, sal y pimienta. Poner las papas escurridas en una bandeja y chorrearlas con el sofrito.

Retirar la sobrebarriga del horno y servirla acompañada con las papas chorreadas calientes y arroz blanco.

1. Limpiar de grasa la sobrebarriga y cortar en trozos grandes y regulares.

2. Poner en una olla la carne con agua, junto con las cebollas, los ajos y las hierbas y cocinar.

3. Una vez cocinada, poner en una lata, salpicar con pan, rociar con la cerveza y hornear.

4. Pelar parcialmente las papas y cocinarlas en agua con sal hasta que estén tiernas.

— Asado huilense —

Ingredientes para 8-10 personas:

8 lb de carne de cerdo, en un trozo
4 cebollas largas picadas
8 dientes de ajo majados (triturados)
1 cucharadita de albahaca fresca picada
1 cucharadita de cilantro fresco picado
1 cucharadita de hierbabuena fresca picada
1 cucharadita de poleo fresco picado
1 cucharadita de orégano fresco picado
4 hojas de laurel desmenuzadas
1 cucharadita de tomillo fresco picado
1 cucharadita de nuez moscada rallada
2 cucharadas de jugo de naranja
1/2 taza de vinagre
1 1/2 l de cerveza rubia
Sal, comino y pimienta al gusto

Pinchar la carne varias veces por todos lados con un cuchillo y ponerla en un recipiente grande.

Preparar una marinada con las cebollas, los ajos, las hierbas finamente picadas, los condimentos y los líquidos y mezclar bien con una cuchara de madera.

A continuación, cubrir la carne con esta mezcla, asegurándose que penetra bien en los cortes practicados, introducir en el refrigerador, y dejar en maceración como mínimo 24 horas, dándole la vuelta frecuentemente para que tome bien los sabores.

Poner la carne en una refractaria con su marinado e introducir en el horno, precalentado a 150° C (300° F), durante 3 1/2-4 horas, rociándola varias veces con su salsa.

Mientras la carne está en el horno, preparar arepas y guacamole, ají pique o patacones y servir el asado con los acompañamientos.

1. Pinchar la carne por varios lados, con ayuda de un cuchillo muy afilado.

2. Preparar una marinada con los ingredientes restantes, mezclándolos bien.

3. Cubrir la carne con la mezcla preparada y dejar marinar.

4. Mientras la carne se hornea, preparar los acompañamientos.

— Ñame relleno —

Ingredientes para 4 personas:

1 ñame mediano
1 lb de carne molida de cerdo
1 cucharada de alcaparras
1 huevo duro picado
Hierbas aromáticas picadas
1/2 lb de tomates, pelados y picados
1 cebolla picada
2 dientes de ajo picados
1 cucharadita de manteca de cerdo
Una pizca de achiote
Sal
Arroz blanco, para acompañar

Pelar el ñame y cocinar en agua con sal unos 30 minutos (dependiendo del tamaño), sin dejarlo ablandar mucho. Cortar un pedacito de la punta, reservándolo, y ahuecar el centro del ñame.

Sofreír la carne molida, mezclarla con las alcaparras, el huevo duro y las hierbas y rellenar el ñame con este preparado. Con el pedacito que se le quitó al ñame, hacer una tapa y sujetarla bien.

Preparar una salsa con los tomates, la cebolla, los ajos, la manteca, el achiote, sal y un poquito de agua o caldo, meter el ñame en ella, y cocinar unos 40 minutos, dándole vueltas de vez en cuando. Servir el ñame cortado en rebanadas, acompañado con su salsa y arroz blanco.

1. Pelar el ñame y cocinar en agua con sal durante aproximadamente unos 30 minutos.

2. Cortar un pedacito de la punta, y ahuecar el centro del ñame, con cuidado, con una cuchara.

3. Sofreír la carne molida y mezclar con el huevo, las hierbas y las alcaparras.

4. Preparar una salsa con los restantes ingredientes y un poquito de agua y cocinar el ñame.

— Pimentones rellenos —

Ingredientes para 4 personas:

4 pimentones grandes, verdes o amarillos
1/2 lb de tocineta picada
300 g de carne molida de res
1 taza de hogao
1 taza de arroz blanco
2 huevos duros picados
Una pizca de tomillo deshidratado molido
1/2 cucharadita de orégano deshidratado molido
1 cucharadita de ají picante
1 taza de caldo de res
2 cucharadas de miga de pan desmenuzada
1 cucharada de perejil fresco picado
Sal y pimienta

Lavar los pimentones, ponerlos en una cazuela con agua a fuego alto y dejar que cuezan durante aproximadamente unos 3 minutos.

Retirar del recipiente y escurrirlos. Dejar enfriar, cortarles una tapita de la parte del tallo, reservándola, y eliminar las semillas y las venas internas.

Freír la tocineta en una sartén a fuego alto y, cuando empiece a tomar color, añadir la carne molida. Rehogar durante unos 15 minutos, revolviendo frecuentemente. Incorporar el hogao, el arroz, los huevos, el tomillo, el orégano, el ají y sal y pimienta al gusto, rociar con un poco de caldo, mezclar bien y continuar cocinando, a fuego bajo, durante unos minutos.

Cuando el preparado de carne esté en su punto, retirar la sartén del fuego y dejar que la mezcla se enfríe ligeramente.

A continuación, rellenar los pimentones con este preparado, teniendo cuidado de no romperlos, y tapar cada pimentón con la tapita retirada anteriormente.

Por último, colocar los pimentones rellenos en una refractaria o cazuela de barro, rociar con el caldo restante, distribuir sobre la superficie un majado preparado con la miga de pan y el perejil fresco finamente picado e introducir en el horno, precalentado a 180° C (350° F), durante aproximadamente unos 20 minutos.

1. Lavar bien los pimentones y cocinar en agua durante 3 minutos. Retirar del recipiente, escurrir y reservar.

2. Sofreír la tocineta, añadir la carne molida y cocinar durante 15 minutos. Incorporar los ingredientes restantes y cocinar.

3. Rellenar los pimentones con la mezcla preparada y taparlos con la tapita reservada.

4. Colocarlos en una cazuela, rociar con el caldo, salpicar con la miga de pan y el perejil, y hornear.

— Guiso de cordero —

Ingredientes para 4 personas:

2 lb de carne de cordero, cortada en cubos

2 tomates maduros

1 cebolla cabezona

3 dientes de ajo

Unas ramitas de tomillo fresco, picadas

1 hoja de laurel picada

Perejil fresco picado

2 zanahorias

1 taza de caldo de res

4 papas

Aceite para freír

Harina de trigo

Sal y pimienta

Sazonar la carne de cordero con sal y pimienta y espolvorear ligeramente con harina.

En una cazuela, freír el cordero en aceite caliente hasta que se dore.

A continuación, picar los tomates, la cebolla y los ajos, mezclar con las hierbas, añadir al cordero previamente dorado, tapar y cocinar a fuego muy bajo durante 25 minutos. Cortar las zanahorias en cuadritos. Pasado el tiempo de cocción, rociar la carne con el caldo, añadir la zanahorias y cocinar 30 minutos.

Incorporar las papas, peladas y cortadas en cuadritos, y continuar la cocción hasta que todo esté tierno, añadiendo más caldo durante la cocción, si el guiso se quedara demasiado seco.

1. Sazonar la carne con sal y pimienta, y espolvorear con harina.

2. Dorar la carne y añadir los tomates, la cebolla, los ajos y las hierbas y cocinar.

3. Raspar las zanahorias, lavarlas y cortarlas en cuadritos.

4. Incorporar el caldo a la cazuela, añadir las zanahorias y cocinar 30 minutos.

5. Agregar las papas, revolver y continuar la cocción hasta que todo esté tierno.

— Conejo sudado —

Ingredientes para 6 personas:

1 conejo de 3 lb aproximadamente
4 cucharadas de aceite
6 dientes de ajo majados
1 taza de hogao
4 hojas de laurel
Tomillo y orégano deshidratados
1 taza de agua
1 1/2 lb de papas, peladas y cortadas en rodajas gruesas
Sal y pimienta

Limpiar el conejo y partirlo en trozos regulares. Sazonar con sal y pimienta y dorar en una sartén, con el aceite caliente y los ajos. Retirar los trozos de conejo de la sartén y pasarlos a una cacerola.

Agregar el hogao, el laurel, el tomillo, el orégano y una taza de agua, y dejar cocinar 20 minutos.

Por último, incorporar las papas, rectificar la sazón si fuera necesario, revolver bien, tapar la cacerola y dejar cocinar a fuego bajo, hasta que el conejo esté tierno. Decorar con pimentón rojo, si lo desea.

1. Cortar el conejo en trozos, sazonar y dorar en una sartén con el aceite y los ajos.

2. Poner en una cacerola, agregar los ingredientes restantes excepto las papas y cocinar 20 minutos.

3. Incorporar las papas previamente peladas y cortadas en rodajas y revolver bien.

4. Tapar la cacerola y cocinar a fuego bajo hasta que el conejo y las papas estén tiernos.

— Arroz con leche —

Ingredientes para 6-8 personas:

3 1/2 tazas de agua
8 tazas de leche
1/2 taza de arroz
1 taza de azúcar
2 astillas de canela
1/2 taza de uvas pasas
Una pizca de sal

Poner el agua en una olla a fuego medio, agregar tres tazas y media de leche y dejar que se caliente.

A continuación, añadir el arroz, previamente lavado y escurrido y cocinar a fuego medio.

Cuando el arroz se abra, incorporar la leche restante, el azúcar y la canela y cocinar durante unos minutos más. Seguidamente, retirar la canela de la olla, agregar las uvas pasas, y cocinar, a fuego bajo y revolviendo constantemente, hasta que el postre adquiera la consistencia deseada.

Por último, añadir la sal y mezclar todo bien.

1. Poner en una olla el agua y la misma cantidad de leche y calentar.

2. Agregar el arroz, lavado y escurrido y cocinar a fuego medio.

3. Incorporar la leche restante, el azúcar y la canela.

4. Retirar la canela, añadir las uvas pasas y cocinar hasta que espese.

— Brazo de reina —

Ingredientes para 6 personas:

5 huevos
1/2 taza de harina de trigo
1/2 taza de azúcar
La cáscara rallada de 1/4 de limón
Mantequilla
1 taza de mermelada al gusto
Azúcar pulverizada

Separar las claras de huevo de las yemas, poner las primeras en un recipiente y batirlas a punto de nieve. Añadir las yemas y mezclarlas cuidadosamente con movimientos envolventes para evitar que las claras se bajen.

A continuación, incorporar la harina, el azúcar y la ralladura de limón y trabajar hasta obtener una masa suave y bien homogénea.

Untar con mantequilla un molde rectangular, verter en él la masa preparada e introducir en el horno previamente calentado a 220° C (425° F), durante unos 15 minutos.

Transcurrido el tiempo de cocción indicado, retirar el molde del horno, desmoldar el bizcocho sobre una tela húmeda, enrollar con la ayuda de la tela y dejar enfriar.

Por último, desenrollar cuidadosamente el bizcocho y retirar la tela; extender la mermelada en una capa uniforme, enrollar de nuevo el bizcocho, espolvorearlo con el azúcar pulverizada y decorarlo al gusto.

1. Separar las claras de las yemas, batir las primeras a punto de nieve e incorporar las yemas, de una en una.

2. Añadir los ingredientes restantes, sin dejar de batir hasta obtener una masa suave. Verter en un molde y hornear.

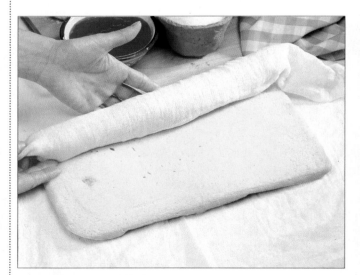

3. Desmoldar sobre una tela y enrollar el bizcocho con ayuda de la tela. Dejar enfriar.

4. Desenrollar, retirar la tela, extender una capa de mermelada y enrollar de nuevo.

— Buñuelos con melao —

Ingredientes para 6 personas:

2 tazas de queso blanco, desmenuzado
1 taza de harina de maíz
1 cucharadita de azúcar
2 huevos
4 cucharadas de leche

Para el melao:
3/4 lb de panela
3/4 de taza de azúcar
2 tazas de agua
12 clavos de olor (opcional)

Poner en un recipiente el queso, la harina, el azúcar, y los huevos previamente batidos, y mezclar bien.

Agregar la leche y trabajar la mezcla hasta obtener una masa homogénea.

A continuación, formar con la masa obtenida unas bolitas y freírlas en una sartén con abundante aceite bien caliente, hasta que se esponjen, floten y estén bien doradas. Dejar escurrir los buñuelos sobre papel absorbente de cocina.

Mientras tanto, rallar la panela, ponerla en una olla con el azúcar, el agua y los clavos de olor (si se utilizan); acercarla al fuego y cocinar lentamente hasta conseguir un almíbar a punto de hilo (este punto se obtiene cuando al levantar la cuchara, el almíbar cae unido y en forma continuada como un hilo).

Por último, colar el melao, introducir en él los buñuelos y dejar que se empapen bien antes de servirlos.

1. Mezclar en un recipiente el queso, la harina, el azúcar y los huevos.

2. Agregar la leche y trabajar hasta formar una masa suave y homogénea.

3. Formar con la masa bolitas del tamaño de una nuez.

4. Freír en aceite hasta que estén doradas y floten.

5. Preparar el melao y sumergir en él los buñuelos.

Pelar la piña y cortar en cuadritos.

A continuación, ponerla en un recipiente, añadir la mitad del azúcar, y cocinar a fuego muy bajo, hasta que esté tierna y se haya formado un almíbar. Colar y reservar por separado la piña y el almíbar obtenido.

baño María en el horno, precalentado a 180 °C (350 °F), durante aproximadamente 1 hora o hasta que el flan esté cuajado.

Mientras tanto, cocinar la piña que teníamos reservada, con el azúcar restante hasta formar un dulce.

Por último, desmoldar el flan y servir rodeado con el dulce de piña y decorado al gusto.

1. Pelar la piña y cortar en cuadritos.

2. Poner en un recipiente con la mitad del azúcar, y cocinar.

3. Batir los huevos y agregar el almíbar preparado.

4. Verter en un molde caramelizado y cocinar al baño María.

— Mazamorra —

Ingredientes para 6 personas:

1 lb de maíz peto
6 tazas de agua
1 panela
5 tazas de leche

Poner el maíz en una olla, cubrirlo con el agua y dejarlo en remojo durante unas 12 horas. A continuación, cocinar a fuego alto durante unas 2 horas.

Seguidamente, raspar finamente la panela, incorporarla a la olla con el maíz y continuar cocinando durante unos 15 minutos más.

Mientras tanto, hervir la leche en una cacerola a fuego medio y colarla.

Añadir la leche a la olla con el maíz y la panela y, cuando rompa a hervir de nuevo, apagar el fuego y dejar reposar unos 5 minutos antes de servir espolvoreada con más panela rallada.

1. Poner el maíz con el agua en una olla y dejar en remojo.

2. Cocinar el maíz durante 2 horas y mientras tanto, rallar la panela.

3. Añadirla al maíz y cocinar 15 minutos más.

4. Incorporar la leche hervida y colada y dejar reposar 5 minutos.

— Natilla Antioqueña —

Ingredientes para 8-10 personas:

9 tazas de leche
2 tacitas de fécula de maíz
1 lb de panela raspada
2 cucharadas de mantequilla
4 astillas de canela
1 coco fresco, rallado (opcional)
1 tacita de almíbar, muy liviano, con azahares de naranjo
1 cucharada de canela en polvo

Poner en un recipiente dos y cuarto tazas de leche, disolver en ella la fécula de maíz y pasarla por un colador para eliminar los grumos que pudieran quedar.

A continuación, verter la leche restante en una cacerola, añadir la panela y poner al fuego; dejar que rompa a hervir, espumar la superficie y agregar la mantequilla.

Seguidamente, incorporar la fécula de maíz anteriormente disuelta en leche, la canela, el coco rallado, si lo utiliza, y el almíbar y mezclar bien.

Cocinar la natilla a fuego bajo y revolviendo frecuentemente con una cuchara de madera, hasta obtener una crema más bien espesa, retirar las astillas de canela y servir la natilla fría, espolvoreada con la canela en polvo.

1. Disolver la fécula de maíz en un poco de leche.

2. Calentar la leche restante, añadir la panela y la mantequilla.

3. Incorporar la harina de maíz disuelta en leche, la canela, el coco rallado y el almíbar.

4. Cocinar a fuego bajo sin dejar de revolver hasta que espese. Retirar la canela y dejar enfriar.

— Bananos horneados al ron —

Ingredientes para 4 personas:

4 bananos
2 naranjas
3 cucharadas de azúcar
Un poco de agua
2 cucharadas de mantequilla
1 copa de ron

Pelar los bananos y cortarlos por la mitad en sentido longitudinal.

A continuación, exprimir una de las naranjas.

En una cacerolita a fuego alto preparar un caramelo con el azúcar y el agua y añadir el jugo de naranja.

Colocar los bananos en una fuente refractaria y pincelarlos con la mantequilla previamente ablandada a temperatura ambiente; rociarlos con el caramelo e introducir en el horno, previamente calentado a 220° C (425° F), durante unos 5 minutos.

Mientras tanto, pelar la naranja restante, dividirla en gajos y eliminar de éstos la piel que los cubre.

Retirar la fuente del horno, rociar los bananos con el ron y hornear unos 10 minutos más. Servir los bananos, decorados con los gajos de naranja pelados.

1. Pelar los bananos y a continuación cortarlos por la mitad en sentido longitudinal.

2. Hacer un caramelo con el azúcar y el agua, y agregar el jugo de una naranja.

3. Colocar los bananos en un recipiente refractario y pincelarlos con la mantequilla ablandada. Rociar con el caramelo y hornear unos 5 minutos.

4. Retirar el recipiente del horno, rociar los bananos con el ron y hornear 10 minutos más. Servir decorados con los gajos de naranja pelados.

— Ponqué negro —

Ingredientes para 8-10 personas:

1/2 taza de panela rallada
6 cucharadas de ron
1 lb de mantequilla
1 lb de azúcar
1 lb de uvas pasas de Corinto
1 lb de uvas pasas de Málaga
1 lb de ciruelas pasas, deshuesadas y cortadas en trocitos
1 lb de frutas confitadas cortadas en trocitos
1 cucharadita de pimienta en polvo
1 cucharadita de clavos de olor en polvo
1 cucharadita de pimienta de olor (de Jamaica) en polvo
El jugo y la cáscara rallada de 2 limones
1 lb de harina de trigo
2 cucharaditas de polvo de hornear
12 huevos
Mantequilla para engrasar el molde

Poner la panela rallada en una olla a fuego alto, cuando comience a tomar color dorado oscuro, bajar el fuego, incorporar el ron mezclar bien y reservar.

Batir la mantequilla en un recipiente, añadir el azúcar, revolver e incorporar las uvas pasas, las ciruelas, las frutas confitadas, las especias y la cáscara y el jugo de limón. Agregar la harina mezclada con el polvo de hornear, alternándola con el melao.

Separar las claras de huevo de las yemas, batir estas últimas y añadirlas a la mezcla anterior. Montar las claras a punto de nieve e incorporarlas con movimientos envolventes.

Por último, engrasar un molde con la mantequilla y colocar en él unas tiras de papel de aluminio; verter en el molde la mezcla preparada y cocinar en el horno, previamente calentado a 180° C (350° F), hasta que al introducir un cuchillo éste salga limpio. Desmoldar con ayuda de las tiras de papel de aluminio.

1. Batir la mantequilla y añadir el azúcar, las frutas y las especias.

2. Agregar el jugo y la ralladura de limón y la harina, poco a poco.

3. Incorporar el melao alternando con la harina.

4. Añadir las yemas y las claras previamente batidas a punto de nieve, con movimientos envolventes.

5. Verter en un molde y hornear hasta que al introducir un cuchillo, éste salga limpio.

126

— Queso de coco —

Ingredientes para 6 personas:

1 coco

1 tacita de agua tibia

2 tazas de leche

4 yemas de huevo

2 tazas de azúcar

1/2 cucharada de harina de trigo

4 cucharadas de mantequilla

1/2 cucharada de vainilla

Abrir el coco, reservando el agua que contiene en su interior, pelarlo y rallar la pulpa.

A continuación, sacar la leche al coco mezclando la ralladura con el agua tibia y añadir el agua de coco reservada.

Seguidamente, verter la leche (reservando aparte un poco) en una cacerola junto con la leche de coco, y el coco rallado, poner a fuego alto y dejar que se calienten.

Poner las yemas de huevo en un recipiente, agregar el azúcar y batir bien.

Disolver la harina en la leche reservada, incorporar a la leche ya caliente, añadir las yemas batidas con el azúcar y los ingredientes restantes y cocinar a fuego bajo y revolviendo constantemente con una cuchara de madera hasta que la mezcla esté suficientemente espesa.

Por último, pasar la preparación a una fuente o a un molde y dejar enfriar antes de servir decorado con hojitas de menta y guindas confitadas o al gusto.

1. Sacar la leche al coco con 1 tacita de agua tibia.

2. Calentar la leche junto con la de coco y el coco rallado en una cacerola al fuego.

3. Batir las yemas junto con el azúcar, y agregar a la leche caliente.

4. Incorporar los ingredientes restantes y cocinar, revolviendo, hasta que espese.

— Cocadas —

Ingredientes para 6 personas:

2 cocos
4 clavos de olor molidos
4 tazas de azúcar
El jugo de 1/2 limón pequeño

Pelar los cocos, partirlos por la mitad, reservar el agua que contienen en su interior en una taza, y a continuación rallar la pulpa.

Seguidamente, poner la pulpa de coco rallada en una olla, agregar los clavos de olor molidos, el agua de coco reservada y la mitad del azúcar y cocinar a fuego medio y revolviendo constantemente con una cuchara de madera.

Cuando la mezcla comience a espesarse, agregar el azúcar restante y el jugo de limón y continuar revolviendo hasta obtener una mezcla bien espesa.

Tomar con la cuchara pequeñas porciones de masa, ponerlas sobre una fuente y dejarlas enfriar, antes de servir.

1. Pelar los cocos, rallar la pulpa y cocinar en una olla junto con el agua de los cocos y la mitad del azúcar.

2. Cuando comience a espesar, agregar el azúcar restante y el jugo de limón, sin dejar de revolver.

3. Cocinar revolviendo con una cuchara de madera hasta que la mezcla espese.

4. Tomar pequeñas porciones con una cuchara, ponerlas sobre una fuente y dejar enfriar.

— Pastel Gloria —

Ingredientes para 6 personas:

1 lb de masa de hojaldre congelada
Mantequilla
Harina de trigo para enharinar el molde

Para el relleno:
1/4 lb de arequipe
1/4 lb de bocadillo de guayaba
1 tacita de queso prensado, rallado

Para la terminación:
2 claras de huevo batidas
Azúcar pulverizada

Dejar descongelar la masa de hojaldre, dividirla en dos y extenderla, con ayuda de un rodillo, para formar 2 láminas finas.

Seguidamente, colocar una de las láminas de masa sobre una lata, previamente engrasada con un poco de mantequilla y ligeramente enharinada, y formar con ella un círculo con ayuda de un plato mediano. Con la lámina de masa restante, formar otro círculo de igual tamaño que el anterior sobre una superficie, también engrasada y enharinada.

A continuación, poner sobre la lámina colocada en la lata el arequipe y el bocadillo de guayaba y espolvorear con el queso prensado.

Cubrir con el otro disco de masa, cerrar bien los bordes todo alrededor, haciendo que se adhieran con ayuda de un tenedor, pincelar la superficie con las claras de huevo batidas e introducir en el horno, precalentado a 165° C (325° F), durante aproximadamente unos 30 minutos. Servir el pastel espolvoreado con el azúcar pulverizada.

1. Una vez descongelada la masa, extenderla con un rodillo, formando 2 láminas finas.

2. Colocar 1 lámina en una lata engrasada y enharinada y cortar un círculo con ayuda de un plato.

3. Poner el arequipe y el bocadillo de guayaba y espolvorear con el queso prensado.

4. Cubrir con la otra lámina, cerrar los bordes, pincelar la superficie con las claras de huevo, y hornear.

— Esponjado de café —

Ingredientes para 8 personas:

6 huevos
3 cucharadas de agua
4 cucharadas de licor dulce, (triple seco, o amaretto)
1 taza de café fuerte
2 tazas de crema de leche
6 cucharadas de azúcar
Fideos o raspaduras de chocolate, cerezas y crema de leche para decorar

Separar las claras de huevo de las yemas y poner estas últimas en una cacerolita; añadir el agua y cocinar, a fuego bajo y batiendo constantemente con un batidor metálico, hasta que las yemas espesen, teniendo cuidado de que no se endurezcan. Agregar el licor y cocinar, sin dejar de revolver, hasta que la mezcla adquiera la consistencia de una salsa espesa.

A continuación, incorporar el café, mezclar bien y pasar la mezcla a un recipiente.

Batir la crema de leche hasta que forme picos, agregar dos cucharadas de azúcar e incorporar este preparado a la mezcla de café.

Seguidamente, batir las claras de huevo a punto de nieve blando, añadir el azúcar restante, continuar batiendo hasta que forme picos duros e incorporar también a la mezcla de café.

Pasar el esponjado obtenido a una fuente de cristal e introducir en el refrigerador.

Por último, servir decorado con los fideos de chocolate, cerezas y la crema de leche batida.

1. Cocinar las yemas con el agua, hasta que espesen. Incorporar el licor y cocinar.

2. Agregar el café, mezclar bien y pasar a un recipiente. Añadir la crema de leche, batida con azúcar.

3. Batir las claras a punto de nieve junto con el azúcar restante, hasta que forme picos.

4. Incorporar a la mezcla de café con movimientos envolventes, para que no se bajen.

— Crema planchada —

Ingredientes para 6 personas:

5 yemas de huevo
1 taza de azúcar
2 cucharadas de harina de maíz
3 1/4 tazas de leche
Vainilla al gusto
3 cucharadas de azúcar para quemar

Poner las cinco yemas de huevo en un recipiente, añadir el azúcar y batir enérgicamente.

A continuación, disolver la harina de maíz en la leche, incorporarla a las yemas batidas junto con vainilla al gusto y mezclar bien.

Poner el recipiente al baño María y cocinar la mezcla, sin dejar de revolver con un batidor manual, hasta obtener una crema espesa.

Seguidamente, pasar la crema a una fuente de servir poco honda y dejar enfriar.

Por último, espolvorear la superficie de la crema ya fría con las tres cucharadas de azúcar y quemarla con una plancha de hierro bien caliente.

1. Batir enérgicamente las yemas con el azúcar, en un recipiente.

2. Agregar la leche con la harina de maíz y vainilla y mezclar.

3. Poner el recipiente al baño María, y cocinar, sin dejar de revolver, hasta conseguir una crema espesa.

4. Verter en un recipiente, dejar enfriar, espolvorear con el azúcar y quemar la superficie con una plancha de hierro.

— Sorbete de curuba —

Ingredientes para 6 personas:

12 curubas maduras
12 cucharadas de azúcar
1 1/2 tazas de agua
4 tazas de leche
2 cucharadas de crema de leche

Con ayuda de un cuchillo bien afilado, abrir las curubas por la mitad, en sentido longitudinal, retirar la pulpa y poner ésta en la licuadora; agregar un poco de azúcar y licuar, a velocidad baja y de manera intermitente, para que la pulpa se desprenda de las semillas.

A continuación, incorporar el agua, licuar y colar el jugo.

Seguidamente, añadir la leche y la crema de leche y licuar de nuevo.

Agregar el azúcar restante y continuar trabajando hasta que todo esté bien homogéneo.

Rectificar la cantidad de azúcar si fuera necesario, distribuir el preparado en copas de cristal e introducir en el refrigerador hasta el momento de servir.

1. Abrir las curubas por la mitad en sentido longitudinal.

2. Licuar las curubas, agregar la leche y la crema de leche, y licuar.

3. Incorporar el azúcar restante y continuar trabajando hasta que todo esté homogéneo.

4. Distribuir en copas de cristal e introducir en el refrigerador hasta el momento de servir.

— Pastel de lulos —

Ingredientes para 6-8 personas:

250 g de masa de hojaldre
10 lulos medianos
2 1/2 tazas de agua
1 1/4 tazas de azúcar
1 cucharada de harina de trigo
3 cucharadas de harina de maíz
3 huevos
1/4 cucharadita de sal
4 cucharadas de azúcar
1/2 cucharadita de canela en polvo

Extender la masa de hojaldre en una lámina fina, con ayuda de un rodillo, forrar con ella un molde y hornear a 180° C (350° F), hasta que la masa esté dorada.

Mientras tanto, escaldar los lulos en agua hirviendo, pelarlos y picarlos; ponerlos en una cacerolita a fuego medio junto con el agua y una taza de azúcar y cocinar, revolviendo frecuentemente, hasta que formen almíbar. Colarlo y reservar.

Seguidamente, disolver en una cacerolita aparte con un poco de agua la harina de trigo, la harina de maíz, la sal y el azúcar restante.

Separar las yemas de huevo de las claras, batir las primeras, añadirlas a la mezcla de harinas y azúcar, incorporar el almíbar de lulos, y cocinar, revolviendo de vez en cuando, hasta obtener un crema bastante espesa.

Por último, rellenar la canastilla de hojaldre con la crema preparada y distribuir sobre ésta las claras de huevo, previamente montadas junto con las 4 cucharadas de azúcar a punto de nieve bien fuerte. Espolvorear con la canela y hornear hasta que el pastel esté dorado.

1. Extender la masa de hojaldre, forrar con ella un molde y hornear hasta que esté dorada.

2. Pelar y picar los lulos. Ponerlos en un recipiente con el agua y 1 taza de azúcar, y cocinar hasta formar un almíbar. Colar y reservar.

3. Disolver en un poco de agua las harinas y el azúcar restante y mezclar con las yemas. Incorporar el almíbar de lulos y cocinar.

4. Rellenar la canastilla. Cubrir con las claras montadas a punto de nieve con azúcar, y hornear hasta que la superficie esté dorada.

Sopa de orejas

Ingredientes para 8 personas:

10 tazas de caldo de gallina
1 ramillete de tomillo y perejil, frescos
1 lb de papas peladas y picadas
2 huevos
1/2 taza de leche
2 tacitas de arroz, cocido y molido
Aceite para freír
1 cucharada de cilantro fresco finamente picado
Sal, comino y achiote al gusto

Verter el caldo en una olla al fuego, añadir el ramillete de tomillo y perejil, sal, comino y achiote al gusto. Cuando rompa a hervir, agregar las papas y cocinar hasta que estén tiernas.

Mientras tanto, batir los huevos en un recipiente, incorporar la leche y el arroz cocido y molido y mezclar bien. Calentar abundante aceite en una sartén al fuego y, tomando cucharadas del batido, freírlo hasta que esté dorado. Añadir estos fritos al caldo y cocinar 5 minutos más antes de servir la sopa salpicada con el cilantro finamente picado.

Sancocho de cola

Ingredientes para 10-12 personas:

14 tazas de agua
6 lb de huesos de cola de res, carnudos, cortados en trozos
4 cebollas largas
1 ramillete de hierbas (orégano, tomillo, albahaca)
4 plátanos verdes
1 lb de yuca, pelada y cortada en trozos
6 dientes de ajo machacados
Achiote al gusto
1/2 lb de auyama cortada en trozos
4 mazorcas tiernas, troceadas
8 hojas de cilantro fresco
Comino, sal y pimienta

Para acompañar:

Ají pique
Aguacate
Arroz blanco

Verter en una olla grande el agua, agregar los huesos de cola, las cebollas y el ramillete de hierbas, poner al fuego y cocinar durante 1 1/2 horas.

A continuación, pelar los plátanos y partirlos con la mano en trozos pequeños; retirar del caldo el ramillete de hierbas, añadir los plátanos y continuar cocinando durante 20 minutos.

Transcurrido el tiempo indicado, incorporar a la olla la yuca, los ajos, el achiote previamente disuelto en unas cucharadas del caldo y sal, pimienta y comino al gusto, cocinar 15 minutos más, añadir la auyama, las mazorcas y la mitad del cilantro, bajar el fuego y cocinar, durante unos 20 minutos más.

Por último, agregar el cilantro restante y dejar reposar; servir en una fuente la cola de res junto con la yuca, la auyama y las mazorcas, y en un recipiente aparte el caldo con los ingredientes restantes y acompañado todo con el ají pique, el aguacate y el arroz blanco.

Caldo peligroso

Ingredientes para 8 personas:

10 tazas de agua
1 taza de hogao
2 lb de criadillas de toro
1 1/2 lb de papas coloradas, peladas y cortadas en rebanadas
2 cucharadas de cilantro fresco, finamente picado
Sal y pimienta

Verter el agua en una olla, poner a fuego medio, agregar el hogao y dejar que se caliente.

A continuación, incorporar las criadillas de toro previamente cortadas en rebanadas delgadas y cocinar durante aproximadamente unos 30 minutos.

Transcurrido el tiempo de cocción indicado, añadir las papas y sal y pimienta al gusto y continuar cocinando, con el recipiente tapado y a fuego medio, durante otros 30 minutos.

Por último, salpicar con el cilantro y servir bien caliente.

Selele

Ingredientes para 8 personas:

1 lb de carne salada (serrana, oriada o arriera) con gordo
1 lb de frijolitos verdes o de cabecita negra (ya remojados)
2 dientes de ajo picados
4 cebollas finamente picadas
4 tomates pelados y picados
8 ajíes dulces
1 1/2 lb de costillitas largas de cerdo
1 lb de ñame
3 yucas
3 plátanos hartones
Aceite
Sal y pimienta

Cortar la carne salada en trozos regulares, ponerla en una olla junto con los fríjoles, cubrir con abundante agua y cocinar, a fuego medio, hasta que los fríjoles estén casi tiernos.

Seguidamente, calentar un poco de aceite en una sartén a fuego medio, añadir los dientes de ajo y las cebollas, y sofreír hasta que éstas últimas estén transparentes; incorporar los tomates, los ajíes y las costillitas de cerdo troceadas, sazonar con sal y pimienta al gusto y cocinar, revolviendo constantemente, durante aproximadamente 10 minutos.

A continuación, añadir el sofrito de tomate y costillas a la olla con los fríjoles, agregar el ñame y la yuca, previamente pelados y partidos, y los plátanos, cortados en trozos con la cáscara, y continuar cocinando hasta que todo esté blando y la sopa ligeramente espesa.

Por último, retirar las cáscaras de los plátanos y servir bien caliente.

Crema de espinaca

Ingredientes para 8 personas:

1 lb de espinacas
9 tazas de caldo de gallina
4 papas criollas, peladas y cortadas en cuadritos
1 taza de leche
2 cucharadas de mantequilla
2 cebollas cabezonas, finamente picadas
1 tacita de crema de leche
1 taza de cuadritos de pan, fritos
Sal y pimienta

Lavar cuidadosamente las hojas de las espinacas bajo el chorro del agua fría y picarlas.

A continuación, poner las espinacas picadas en una olla al fuego, agregar el caldo, las papas y la leche y sal y pimienta al gusto y cocinar hasta que las papas estén casi deshechas.

Mientras tanto, derretir la mantequilla en una sartén a fuego medio, agregar las cebollas picadas y sofreír hasta que estén doradas.

Seguidamente, incorporar las cebollas doradas a la sopa, revolver y pasar todo por la licuadora. Verter la crema de nuevo en la olla y dejar que hierva.

Por último, distribuir la crema de espinaca en platos individuales, verter por encima la crema de leche y los cuadritos de pan fritos y servir enseguida.

Sopa de fríjoles rojos

Ingredientes para 10 personas:

1 lb de fríjoles rojos
1 lb de chicharrones
1 lb de cerdo salado
2 lb de yuca
2 lb de ñame
2 cebollas picadas
3 tomates
Achiote al gusto
Aceite para freír
Sal

Poner los fríjoles en un recipiente, cubrirlos con agua y dejarlos en remojo durante unas 8 horas.

Transcurrido el tiempo de remojo, escurrir los fríjoles, ponerlos en una olla, agregar los chicharrones, cubrir con agua, salar al gusto y cocinar. Cuando los fríjoles comiencen a ablandarse, añadir el cerdo salado y continuar cocinando hasta que todo esté tierno.

Seguidamente, pelar la yuca y el ñame y cortarlos en trocitos; incorporarlos al guiso y terminar de cocinar la sopa, teniendo en cuenta que deberá quedar más bien espesa.

Mientras tanto, calentar un poco de aceite en una sartén a fuego bajo, añadir la cebolla y cocinar hasta que esté transparente, incorporar los tomates cortados en ruedas y el achiote y sofreír durante unos minutos.

Por último, servir la sopa bien caliente y distribuir por encima el sofrito de cebolla y tomate.

Alverjas guisadas

Ingredientes para 8 personas:

1 lb de alverjas (chícharos)
1 lb de carne de cerdo
1 lb de papas amarillas o criollas, peladas y cortadas en cuadritos
1 1/2 tazas de hogao
1 cucharada de tomillo y orégano, molidos
1 taza de leche
4 cucharadas de jamón picado (opcional)
1 huevo duro, picado
Aceite
Sal y pimienta

Para acompañar:
Arroz blanco

Poner las alverjas en una olla al fuego, cubrir con agua, salar al gusto y cocinar durante unos 30 minutos o hasta que estén tiernas.

Mientras tanto, cortar la carne de cerdo en trocitos muy pequeños; calentar un poco de aceite en una sartén al fuego, añadir la carne y sofreírla hasta que esté ligeramente dorada.

Seguidamente, escurrir las alverjas, reservando parte del caldo y verter éste en una cacerola al fuego; agregar la carne de cerdo, las papas, el hogao, la cucharada de tomillo y orégano molidos y sal y pimienta al gusto y cocinar durante unos 25 minutos, revolviendo frecuentemente.

A continuación, añadir al guiso la leche, el jamón, si lo utiliza, y las alverjas y continuar cocinando, a fuego bajo y revolviendo de vez en cuando, durante unos 10 minutos más.

Por último, salpicar las alverjas con el huevo duro picado y servir acompañadas del arroz blanco.

Fríjoles rojos con maduro

Ingredientes para 8-10 personas:

1 lb de fríjoles rojos
2 plátanos maduros
2 tazas de leche
1 cucharadita de pimienta de Jamaica
1 cucharadita de clavos de olor
1/2 panela, rallada
Sal

Poner los fríjoles rojos en un recipiente, cubrirlos con agua y dejarlos en remojo durante unas 8 horas.

Transcurrido el tiempo de remojo de los fríjoles, escurrirlos, ponerlos en una olla, cubrirlos de nuevo con agua y cocinar, a fuego medio, durante aproximadamente 1 hora, o hasta que estén tiernos.

Mientras tanto, pelar los plátanos, trocearlos y cocerlos en una cacerola con agua hasta que estén tiernos. Escurrirlos, molerlos y mezclarlos con la leche, la pimienta, los clavos y la panela rallada.

Cuando los fríjoles estén tiernos, molerlos, mezclarlos con el puré de plátanos anteriormente preparado, sazonar con sal al gusto y batir, de manera que quede un puré suave, añadiendo más leche si fuese necesario.

Carimañolas

Ingredientes para 4-6 personas:

2 lb de yuca
Abundante aceite o manteca para freír

Para el relleno:

1/2 lb de carne molida de cerdo
1/2 lb de carne molida de res
2 dientes de ajo finamente picados
1 cebolla finamente picada
3 ajíes picados
Comino y sal al gusto

Primeramente, preparar el relleno. Mezclar en un recipiente las carnes molidas y sazonarlas con sal y comino al gusto.

A continuación, calentar un poco de aceite en una sartén al fuego, incorporar los ajos y la cebolla y cocinar hasta que ésta última esté transparente; agregar las carnes molidas y los ajíes y sofreír durante unos minutos.

Seguidamente, pelar la yuca, cortarla en trozos y sancocharla en agua salada, pero teniendo cuidado de no dejarla demasiado blanda. Escurrir la yuca y molerla cuando todavía esté caliente. Formar unas bolitas, introducir en cada bolita un poco del relleno anteriormente preparado, y a continuación darle la forma de un dirigible.

Por último, calentar abundante aceite o manteca en una sartén a fuego medio y freír las carimañolas hasta que estén bien doradas.

Arroz con coco frito

Ingredientes para 6 personas:

1 1/2 lb de arroz
1 coco
4 cucharadas de azúcar
Sal

Abrir el coco y verter el líquido en un recipiente; rallar la pulpa del coco y mezclarla con su líquido; añadir una taza de agua, ponerlo en un colador, aplastarlo con la mano para extraer la primera leche del coco y reservar. Repetir esta operación, agregando más agua, hasta obtener aproximadamente tres tazas de leche de coco.

A continuación, poner la primera leche de coco en una olla al fuego, agregar el azúcar y cocinar hasta que adquiera un color de caramelo quemado; incorporar las leches de coco restantes y cocinar, revolviendo constantemente, hasta que desaparezcan los grumos oscuros que se forman al cocinarse.

Seguidamente, incorporar el arroz y sal al gusto y, cuando el arroz haya absorbido casi por completo el líquido de cocción, tapar el recipiente y continuar cocinando hasta que el grano esté cocido y suelto.

Arroz berraco

Ingredientes para 8 personas:

4 tazas de arroz
1 lb de longaniza, cortada en rodajas gruesas
2 lb de costilla de cerdo, cortada en trocitos
1 1/2 lb de pierna de cerdo, cortada en trocitos
2 tazas de hogao
4 ajíes dulces molidos
2 cucharadas de ají pique
2 cucharadas de cilantro fresco, finamente picado
1 cucharada de color
20 tazas de agua
1 lb de papas pequeñas
Aceite
Comino al gusto
Sal

Calentar un poco de aceite en una olla a fuego bajo, agregar la longaniza y sofreírla; añadir la costilla y la pierna de cerdo y dorarlas.

A continuación, incorporar el hogao, los ajíes y el ají pique, el cilantro, el color y sal y comino al gusto, revolver y sofreír unos minutos.

Seguidamente, añadir el arroz y dorarlo, revolviendo constantemente, durante unos 5 minutos; agregar el agua y las papas peladas, revolver y cocinar, a fuego alto, hasta que el líquido comience a consumirse.

Por último, colocar la olla sobre una parrilla a fuego bajo, tapar el recipiente y continuar cocinando hasta que todo esté en su punto, teniendo en cuenta que el arroz debe quedar caldoso.

Arroz con chipi-chipi

Ingredientes para 6 personas:

1 1/2 lb de arroz
1 lb de chipi-chipi
8 cucharadas de manteca
1 cebolla larga
4 dientes de ajo
2 ajíes dulces chicos
1/2 lb de tomates
Achiote al gusto
Comino al gusto
Sal

Poner los chipi-chipi en una olla, cubrirlos con tres y media tazas de agua, tapar el recipiente y dejar hervir hasta que se abran; escurrirlos, reservando el líquido de la cocción, y retirarlos de las conchas.

A continuación, derretir la manteca en una olla al fuego, agregar la cebolla y los ajos y sofreír a fuego bajo; incorporar los ajíes machacados y los tomates picados y continuar cocinando hasta obtener un hogao más bien espeso.

Seguidamente, verter sobre el hogao el líquido de cocción de los chipi-chipi reservado anteriormente. Cuando rompa a hervir, agregar el arroz, el achiote y sal y comino al gusto, y continuar cocinando.

Cuando el arroz esté a medio cocinar, añadir los chipi-chipi, bajar el fuego al mínimo, revolver con una cuchara de madera y terminar de cocinar el arroz.

Pandebono

Ingredientes para 6-8 personas:

2 huevos
2 tazas de harina de maíz trillado o amarillo
1 taza de almidón de yuca
3 tazas de queso blanco costeño, rallado
3 tazas de cuajada fresca

Primeramente, batir los huevos en un recipiente, agregar la harina de maíz, el almidón de yuca, el queso y la cuajada y mezclar bien hasta obtener una masa muy suave.

A continuación, formar unas bolitas con la masa obtenida, ponerlas sobre una lata engrasada con mantequilla, teniendo cuidado de no colocarlas demasiado cerca unas de otras, e introducir en el horno, previamente calentado a 180° C (350° F), durante aproximadamente unos 15 minutos o hasta que hayan subido y estén bien doradas.

Envueltos de choclo

Ingredientes para 8-10 personas:

10 mazorcas tiernas
1 taza de queso blanco, rallado
1 huevo batido
1 pizca de azúcar
Sal
Hojas de mazorca (choclo)

Desgranar las mazorcas, reservando las tusas (el corazón de las mazorcas) y moler los granos; mezclar los granos molidos con el queso rallado, incorporar el huevo, el azúcar y sal al gusto y trabajar con una cuchara de madera, hasta obtener una masa firme.

A continuación, extender las hojas de choclo sobre una superficie lisa y poner sobre cada una, una porción de la masa preparada; cerrar las hojas, formando envueltos de unos 8 centímetros de largo y atarlos de manera que no se salga el relleno.

Por último, poner sobre el fondo de una olla las tusas reservadas, colocar encima los envueltos de choclo, añadir un poco de agua y cocinar durante unos 30 minutos.

Empanadas de cambray

Ingredientes para 8 personas:

Para la masa:
1 1/2 lb de masa de maíz, cocida
1 taza de miel
1 lb de queso blanco
Mantequilla para la lata
Para el relleno:
2 huevos
2 lb de yuca, rallada
2 tazas de miel
1 cucharada de clavos de olor en polvo
1 cucharada de canela en polvo

Primeramente, preparar el relleno: batir en un recipiente los huevos, añadir la yuca rallada, la miel, los clavos de olor y la canela en polvo, revolver hasta mezclar bien los distintos ingredientes y dejar reposar.

Mientras tanto, mezclar la masa de maíz con la miel y el queso, trabajando bien la mezcla hasta obtener una masa homogénea; tomar pequeñas porciones de masa y formar bolitas; poner las bolitas de masa entre hojas plásticas y aplanarlas, hasta convertirlas en arepitas delgadas. Retirar las hojas plásticas y distribuir sobre las arepitas el relleno preparado; doblarlas sobre sí mismas y cerrarlas bien, presionando los bordes todo alrededor con un tenedor.

Seguidamente, colocar las empanadas sobre una lata engrasada con mantequilla e introducir en el horno, precalentado a 165° C (325° F), durante aproximadamente 20 minutos.

Tamales de cerdo y gallina

Ingredientes para 8 personas:

4 tazas de leche de coco
3 plátanos hartones verdes, pelados y partidos con la mano
1/2 lb de masa de maíz
1 1/2 tazas de hogao
1 lb de costillas de cerdo, cortadas en trozos
2 lb de presas de gallina, cortadas en trozos y cocidas
1 lb de papas, peladas y picadas
1 taza de agua de coco
Comino al gusto
Hojas de plátano
4 huevos duros, cortados en 4 trozos cada uno
Chumbes
Sal

Verter la leche de coco en una olla al fuego, agregar los plátanos y cocinar durante unos 20 minutos o hasta que estén muy tiernos. Escurrir los plátanos, reservando la leche de coco en la olla, dejarlos enfriar y rallarlos.

A continuación, diluir la masa de maíz en la leche reservada en la olla, poner al fuego y cocinar, revolviendo constantemente, hasta que espese.

Seguidamente, incorporar los plátanos rallados, la mitad del hogao, la carne, la gallina, las papas, el agua de coco, y sal y comino al gusto, y revolver para mezclar bien.

Poner las hojas de plátano sobre una superficie lisa, distribuir sobre ellas el preparado anterior, los huevos duros y el hogao restante, doblar las hojas formando los tamales y cerrarlas con los chumbes.

Por último, cocinar los tamales en una cacerola al fuego con agua salada, durante aproximadamente 1 1/2 horas y servirlos bien calientes.

Arepas de maíz pelao

Ingredientes para 8 personas:

1 lb de maíz pelao
Sal (opcional)

Poner el maíz, bien pelado y sin impurezas, en una olla, cubrirlo con agua y cocinar durante aproximadamente 1 1/2 horas o hasta que esté tierno.

A continuación, escurrir el maíz, molerlo y amasarlo bien, añadiendo, si lo desea un poco de sal.

Seguidamente, hacer con la masa de maíz las arepas, dándoles forma redonda y delgada, si las va a servir para el desayuno, o bien bolitas pequeñas si se van a tomar como acompañamiento del almuerzo.

Por último, colocar las arepas sobre una lata y hornearlas o bien asarlas sobre una parrilla al fuego.

Empanadas bogotanas

Ingredientes para 8-10 personas:

1 lb de masa de harina de trigo
2 cucharadas de manteca de cerdo
1 clara de huevo
Sal

Para el relleno:

2 cebollas largas picadas
1/2 lb de papas criollas, peladas y cortadas en rebanaditas
1/2 lb de carne molida de cerdo
1/2 lb de carne molida de res
4 cucharadas de garbanzos cocidos
1 1/2 tazas de caldo de res
Aceite
Sal y pimienta

Primeramente preparar la masa para las empanadas: mezclar en un recipiente la masa de harina, la manteca de cerdo, la clara de huevo, sal y un poco de agua, amasar bien y dejar reposar.

Mientras tanto, calentar dos cucharadas de aceite en una sartén al fuego, añadir la cebolla, las papas y las carnes molidas, sazonar con sal y pimienta al gusto y dorar; incorporar los garbanzos, el caldo y cocinar, a fuego medio, durante aproximadamente unos 20 minutos, revolviendo frecuentemente.

A continuación, tomar porciones de la masa ya reposada y formar con ellas bolas. Seguidamente aplanarlas hasta que estén muy finas, poner en el centro una cucharada del relleno, doblar y cerrar las empanadas sellando bien los bordes.

Por último, calentar abundante aceite en una sartén al fuego y freír las empanadas hasta que adquieran un bonito color dorado.

Guiso de raya

Ingredientes para 6 personas:

3 lb de raya ahumada

4 tazas de agua de coco

1 1/2 lb de papas, peladas y cortadas en cuadritos

1 1/2 tazas de hogao

Comino al gusto

1 taza de leche de coco

1 cucharada de cilantro, molido

Sal y pimienta

Para acompañar:

Arroz con coco

Plátano frito

Lavar muy bien la raya y quitar la cola. Calentar abundante agua en una olla al fuego, cuando rompa a hervir, incorporar la raya y cocinar durante unos 15 minutos. Escurrir y eliminar la piel que la cubre.

A continuación, lavar de nuevo con agua fría y desmenuzarla.

Seguidamente, verter en una cacerola al fuego el agua de coco, agregar la carne de raya desmenuzada, las papas, el hogao y sal, pimienta y comino al gusto, y cocinar, revolviendo constantemente, hasta que el líquido se consuma.

Por último, añadir la leche de coco y el cilantro, revolver y cocinar unos minutos más antes de servir bien caliente acompañado de arroz con coco y plátano frito.

Róbalo apanado

Ingredientes para 8 personas:

8 filetes de róbalo

El jugo de 1 limón

3 claras de huevo

Aceite vegetal

1 taza de miga de pan desmenuzada

Sal y pimienta blanca

Para acompañar:

Salsa de tomate

1 limón, lavado, seco y cortado en rodajas

Lavar los filetes de pescado bajo el chorro del agua fría y secarlos bien.

A continuación, sazonar los filetes de róbalo con sal y pimienta, rociarlos con el jugo de limón y dejarlos reposar durante unos minutos.

Mientras tanto, batir ligeramente las claras de huevo.

Seguidamente, calentar el aceite en una sartén al fuego; verter la miga de pan en un plato y pasar los filetes de róbalo, primero por las claras de huevo batidas, a continuación por el pan y freírlos en el aceite caliente, hasta que estén bien dorados.

Por último, poner el pescado sobre una fuente y servirlo acompañado de salsa de tomate y adornado con las rodajas de limón.

Pargo con mostaza

Ingredientes para 10 personas:

4 lb de pargo, bien limpio

2 cucharadas de vinagre

1 cucharada de tomillo, en polvo

El jugo de 2 limones

Sal y pimienta

Para la salsa:

8 cucharadas de mayonesa

8 cucharadas de crema de leche

4 cucharadas de encurtido en salsa de mostaza

Calentar abundante agua en una olla al fuego, añadir el vinagre y, cuando rompa a hervir, incorporar el pargo y cocinar durante unos 10 minutos.

A continuación, escurrir el pescado, quitarle la piel y cortarlo en filetes, teniendo cuidado de no deshacerlos. Poner los filetes de pargo en una fuente, sazonarlos con el tomillo y sal y pimienta al gusto, verter por encima el jugo de limón y dejar enfriar.

Mientras tanto, mezclar la mayonesa con la crema de leche y el encurtido en salsa de mostaza, batiendo suavemente, hasta obtener una salsa homogénea.

Por último, bañar el pescado con la salsa preparada y servir.

Cuajado de camarones

Ingredientes para 4 personas:

1 lb de camarones
4 cucharadas de mantequilla
3 cebollas finamente picadas
3 tomates, sin piel y sin semillas, picados
1/2 lb de papas peladas y cortadas en trocitos
5 huevos
Sal y pimienta

Pelar los camarones y quitarles la vena central.

Derretir tres cucharadas de mantequilla en una sartén a fuego medio, añadir las cebollas y rehogar hasta que estén transparentes; agregar los tomates picados y sal y pimienta al gusto y cocinar durante 10 minutos.

A continuación, incorporar a la sartén los camarones y las papas y cocinar hasta que todo esté en su punto. Retirar del fuego y dejar enfriar.

Separar las claras de las yemas, batir las primeras a punto de nieve e incorporar, poco a poco y sin dejar de batir, las yemas.

Seguidamente, mezclar la mitad del batido de huevos con el preparado de camarones y tomates ya frío.

Por último, engrasar un molde con la mantequilla restante, verter en él el preparado de camarones, cubrir con el resto del batido de huevos e introducir en el horno, previamente calentado a 180° C (350° F), durante aproximadamente unos 30 minutos o hasta que al introducir un cuchillo éste salga limpio.

Cebiche de róbalo con leche de coco

Ingredientes para 6 personas:

2 lb de róbalo
2 dientes de ajo
3 cebollas picadas
El jugo de 2 limones
El jugo de 1 naranja
1 coco
Picante al gusto
Sal y pimienta

Cortar el róbalo en trozos pequeños, sazonarlo con sal y pimienta al gusto, ponerlo en un recipiente de cristal, añadir los dos dientes de ajo y las cebollas picadas, verter por encima el jugo de los limones y de la naranja y dejar marinar durante unas 3 horas.

Mientras tanto, partir el coco, recogiendo en un recipiente el agua que contiene en su interior, rallar la pulpa y mezclarla con su agua; agregar una taza de agua corriente, exprimir, con la mano, sobre un colador, dejando caer el agua sobre una taza, y reservar esta primera leche de coco. Repetir la operación hasta obtener otra taza de leche de coco, verterla sobre el pescado y dejarlo reposar durante 4 ó 5 horas.

Por último, incorporar al pescado la primera leche de coco reservada, añadir picante al gusto y servir.

Lebranche frito con salsa de vino

Ingredientes para 6 personas:

6 filetes grandes de lebranche
El jugo de 1 limón
Aceite vegetal
Sal y pimienta

Para la salsa:

2 cucharadas de mantequilla
4 cebollas finamente picadas
6 tomates pelados, sin semillas y picados
3 dientes de ajo machacados
4 clavos de olor
1 cucharadita de pimienta de Jamaica
2 tazas de vino blanco seco

Lavar bien el pescado, sazonarlo con sal y pimienta recién molida, ponerlo en un recipiente, rociarlo con el jugo de limón y dejar marinar durante 1 hora.

Transcurrido el tiempo de marinado del pescado, dorarlo en una sartén al fuego con el aceite caliente, retirarlo de la sartén y dejar escurrir sobre papel absorbente.

A continuación, preparar la salsa: derretir la mantequilla en una cacerola al fuego, añadir las cebollas y sofreír hasta que estén transparentes; agregar los tomates, los ajos, los clavos y la pimienta y cocinar unos 10 minutos.

Seguidamente, incorporar el vino y dejar que se reduzca a la mitad de su volumen, añadir el pescado y continuar cocinando, a fuego bajo, durante unos 10 minutos más.

Pargo rojo relleno

Ingredientes para 10 personas:

1 pargo rojo de unas 6 lb de peso, aproximadamente
4 cucharadas de mantequilla
Jugo de limón
Tomillo en polvo, al gusto
Sal y pimienta

Para el relleno:

1/2 lb de langostinos
1/2 lb de camarones
1/4 lb de pulpo
1/2 lb de calamares
1/4 lb de mantequilla
1/4 lb de carne de pescado, picada
1 taza de hogao
1 copa de vino blanco
Sal y pimienta

Para la salsa:

4 cebollas cabezonas, peladas y picadas
4 cucharadas de mantequilla
2 cucharadas de harina de trigo
4 tazas de leche
1 cucharada de tomillo deshidratado, desmenuzado
Sal y pimienta

Lavar y escamar el pescado, abrirlo y quitar la espina central. Poner en una refractaria, untar por dentro y por fuera con la mantequilla, rociar con jugo de limón y sazonar con tomillo, sal y pimienta, al gusto. Darle varias vueltas para que se impregne bien y dejar reposar durante 1 hora.

Mientras tanto, hacer el relleno: cocinar los langostinos y los camarones durante 2 minutos en agua hirviendo, dejar enfriar ligeramente, pelarlos y picarlos. Cocinar el pulpo y los calamares durante 30 minutos y picarlos. En una sartén grande con la mantequilla, sofreír los langostinos, los camarones, el pulpo, los calamares y la carne de pescado durante 4 minutos, revolviendo constantemente. Sazonar con sal y pimienta, añadir el hogao y el vino, cocinar unos minutos, retirar del fuego, dejar reposar 10 minutos y rellenar el pargo.

Para preparar la salsa, sofreír la cebolla en la mantequilla, añadir la harina, poco a poco, revolviendo hasta que esté ligeramente dorada, agregar la leche, sazonar con sal, pimienta y tomillo, al gusto, y cocinar a fuego bajo y revolviendo constantemente, durante 10 minutos o hasta obtener una salsa ligeramente espesa.

Por último, verter parte de la salsa sobre el relleno del pescado, doblarlo para darle su forma original, bañar con la salsa restante e introducir en el horno, previamente calentado a 180° C (350° F), durante 20-30 minutos, o hasta que el pescado esté cocinado.

Camarones en apuros

Ingredientes para 4 personas:

1 lb de camarones
4 cucharadas de aceite de oliva
5 cucharadas de miga de pan desmenuzada
1 taza de salsa de tomate
2 cucharadas de jugo de limón (opcional)
Unas hojas de lechuga
Pimienta
Sal

Cocinar los camarones en una cacerola con agua salada durante unos 5 minutos, escurrirlos y pelarlos.

A continuación, calentar el aceite de oliva en una sartén al fuego, añadir los camarones y la miga de pan desmenuzada y revolver; incorporar la salsa de tomate, el jugo de limón, si lo desea, y sal y pimienta al gusto y mezclar bien.

Por último, lavar bien las hojas de lechuga y secarlas cuidadosamente.

Cubrir con ellas el fondo de una fuente, poner encima los camarones con su salsa y servir.

Carapacho de jaiba

Ingredientes para 8 personas:

16 jaibas
1 1/2 tazas de hogao
4 tazas de arroz con coco, cocido con un poco de achiote
2 tazas de miga de pan desmenuzada
6 huevos duros, cortados en rodajas
Sal y pimienta

Limpiar las jaibas, ponerlas en una olla grande, cubrirlas con agua salada y cocinarlas durante unos 15 minutos.

A continuación, escurrir las jaibas, separar las tenazas y retirar la carne de las tenazas y del carapacho, teniendo cuidado de conservar éste entero.

Seguidamente, calentar el hogao en una sartén al fuego, añadir la carne de las jaibas previamente desmenuzada y el arroz cocido, sazonar con sal y pimienta y cocinar, revolviendo constantemente, hasta que todo esté bien caliente.

Por último, rellenar los carapachos de las jaibas con el preparado anterior y ponerlos sobre una lata; cubrir el relleno con la miga de pan desmenuzada, y las rodajas de huevo duro e introducir en el horno, previamente calentado a 150° C (300° F), durante unos 15 minutos.

Albóndigas de caracol

2 lb de caracol o pescado crudo

2 pimentones finamente picados

2 cebollas cabezonas, peladas y finamente picadas

3 dientes de ajo, picados

1 taza de miga de pan desmenuzada

1/2 lb de papas, peladas y cocidas

2 huevos

4 ajíes dulces y picantes, picados finos

Cilantro picado

Aceite

Pimienta y sal

Para acompañar:

Yuca cocida

Limpiar el caracol, ponerlo en una cacerola al fuego con agua y cocinarlo hasta que esté blando.

Cuando el caracol esté cocido, escurrirlo y molerlo grueso; poner en un recipiente, agregar las cebollas, los pimentones, los ajos, la miga de pan, las papas, los huevos previamente batidos, los ajíes, el cilantro y sal y pimienta al gusto, amasar bien la mezcla y formar unas albóndigas del tamaño de un huevo.

A continuación, calentar abundante aceite en una sartén al fuego y freír las albóndigas, dándoles vueltas para que se doren de manera uniforme.

Por último, poner las albóndigas en una fuente y servirlas acompañadas de la yuca cocida.

Pastel de bagre

Ingredientes para 8 personas:

2 lb de bagre, cortado en filetes

2 lb de papas blancas, peladas

4 huevos

2 tazas de leche entera

2 cucharadas de harina de trigo

4 cucharadas de mantequilla

1 cucharada de tomillo en polvo

1 taza de miga de pan desmenuzada

1 1/2 tazas de hogao

Sal y pimienta al gusto

Cocinar las papas en agua hasta que estén medio cocidas y partirlas en rodajas.

Batir los huevos junto con la leche y disolver en ellos la harina, revolviendo bien.

Mezclar la mantequilla, previamente ablandada, con sal, pimienta y el tomillo y embadurnar con este preparado los filetes de pescado.

Untar el fondo de un molde con mantequilla, salpicar con la mitad de la miga de pan, poner encima las papas, en una capa, y rociarlas con la mitad del hogao y la mezcla de huevos y leche.

Hacer otra capa con los filetes de pescado, cubrir con el hogao restante y rociarlos con la leche con huevos restante. Salpicar con el resto de la miga de pan e introducir en el horno, precalentado a 180° C (350° F), durante 30 minutos aproximadamente.

Rondón

Ingredientes para 6 personas:

3 lb de caracoles blancos de los llamados de Pala

9 tazas de leche de coco

1 1/2 lb de ñame

2 plátanos verdes

3 bananos verdes (colí o popocho)

3 hojas de laurel

2 lb de pescado (róbalo, pargo, sierra o bonito)

1 lb de fruta de árbol de pan

Para los Dumplings:

1 lb de harina de trigo

8 cucharadas de leche de coco

Sal

Lavar bien los caracoles, y cocinarlos en una olla en un poco de leche de coco, hasta que se ablanden, añadiendo, poco a poco, más leche de coco.

Cuando los caracoles estén tiernos, incorporar la leche de coco restante, el ñame cortado en trozos medianos, los plátanos y los bananos cortados por la mitad en sentido longitudinal, y cocinar durante unos 15 minutos.

Mientras tanto, preparar los dumplings: mezclar la harina, junto con la leche de coco y sal, amasar hasta obtener una pasta homogénea y dejarla reposar unos minutos; formar con la pasta un cilindro grueso y cortar los dumplings de unos 4 centímetros de grosor.

A continuación, incorporar a la olla las hojas de laurel, el pescado bien limpio, la fruta de árbol de pan cortada en trozos medianos y los dumplings y continuar cocinando durante aproximadamente unos 15 ó 20 minutos más.

Pollo en cerveza

Ingredientes para 6-8 personas:

1 pollo grande
8 cucharadas de mantequilla
2 cebollas cabezonas ralladas
1 tacita de salsa de tomate
2 cucharadas de la mezcla de laurel, tomillo, orégano y perejil, molidos
3 cucharadas de pasas
2 cervezas rubias
Sal y pimienta

Limpiar cuidadosamente el pollo y cortarlo en presas; lavarlo, secarlo y sazonarlo con sal y pimienta.

A continuación, derretir la mantequilla en una olla al fuego, agregar las cebollas y el pollo y freírlo, dándole vueltas frecuentemente, para dorarlo de manera uniforme.

Seguidamente, añadir la salsa de tomate, las hierbas molidas, las pasas y las cervezas, rectificar la sazón, tapar el recipiente y cocinar, a fuego bajo, durante unos 30 minutos o hasta que el pollo esté tierno.

Pollo al limón y miel

Ingredientes para 4 personas:

1 pollo de 3 lb cortado en presas
2 cucharadas de aceite
4 cucharadas de miel
3 cucharadas de jugo de limón
1 cucharada de mostaza
Sal
Unas rodajitas de limón y unas ramitas de perejil, para decorar

Sazonar el pollo con sal al gusto, poner los trozos de pollo en una lata, teniendo cuidado de colocar la parte de la piel en contacto con el recipiente, rociarlo con el aceite e introducir en el horno, previamente calentado a 205° C (400° F), durante aproximadamente unos 20 minutos o hasta que esté dorado.

Mientras tanto, mezclar en un recipiente la miel con el jugo de limón, la mostaza y una cucharadita de sal.

Cuando el pollo esté dorado, barnizar generosamente cada pieza de pollo con parte de la mezcla recién preparada e introducir de nuevo en el horno, a 180° C (350° F), durante unos 10 minutos.

Transcurrido el tiempo indicado, retirar un momento la lata del horno, barnizar de nuevo los trozos de pollo con la mezcla restante y continuar cocinando en el horno unos 10 minutos más o hasta que la carne esté tierna.

Por último, servir el pollo decorado con el limón y las ramitas de perejil.

Guiso de pollo

Ingredientes para 8 personas:

1 pollo grande, cortado en presas
4 hojas de laurel
1 taza de hogao
1 cucharada de orégano, en polvo
1 taza de leche
2 yemas de huevo
1 ó 2 cucharadas de mantequilla
Sal y pimienta

Poner el pollo junto con el laurel en una olla, cubrir con agua y cocinar hasta que esté tierno.

A continuación, escurrir el pollo, reservando el caldo de cocción, retirar el pellejo y los huesos y ponerlo de nuevo en el caldo. Añadir el hogao, el orégano, la leche y sal y pimienta al gusto y cocinar, a fuego moderado, hasta que la salsa esté consistente.

Mientras tanto, batir las yemas de huevo junto con unas cucharadas del caldo de cocción del pollo e incorporar al guiso, revolviendo.

Agregar la mantequilla, revolver y continuar cocinando, a fuego lento, unos minutos más.

Por último, servir el guiso acompañado de arroz blanco o puré de papa.

Fricasé de gallina

Ingredientes para 6 personas:

1 gallina
2 cucharadas de manteca
6 dientes de ajo
2 cebollas grandes
1 lb de papas
3 cucharadas de alcaparras
Sal

Limpiar la gallina y cortarla en presas. A continuación, calentar la manteca en una sartén a fuego fuerte, dorar los ajos y retirarlos con una espumadera; añadir las cebollas finamente picadas y sofreírlas; cuando las cebollas estén transparentes, incorporar los trozos de gallina, y dorarlos.

Seguidamente, agregar las papas, cubrir todo con agua, sazonar con sal al gusto y cocinar, a fuego lento y revolviendo frecuentemente, hasta que la gallina esté tierna y las papas se hayan deshecho ligeramente formando una salsa espesa.

Unos minutos antes de retirar la preparación del fuego, agregar las alcaparras, y revolver.

Guiso de mollejas

Ingredientes para 6 personas:

2 lb de mollejas (piedras) de pollo
2 hojas de laurel
1/2 lb de papas amarillas, peladas y cortadas en cuadritos
1 lb de papas coloradas, peladas y cortadas en cuadritos
1 taza de hogao
1 cucharada de orégano y tomillo, en polvo
Comino al gusto
Sal y pimienta

Para acompañar:

Arroz blanco

Poner las mollejas, bien limpias, en una olla, añadir las hojas de laurel, cubrir con agua y cocinar durante aproximadamente unos 45 minutos, o hasta que las mollejas estén tiernas.

A continuación, escurrir las mollejas, reservando el caldo de cocción en la olla, y cortarlas en cuadritos.

Seguidamente, incorporar de nuevo las mollejas al caldo, agregar las papas amarillas y coloradas, el hogao, el orégano y el tomillo molidos, y sal, pimienta y comino al gusto, y cocinar, a fuego moderado y revolviendo frecuentemente, durante unos 25 minutos.

Por último, servir el guiso bien caliente, acompañado del arroz blanco.

Palomas en salsa

Ingredientes para 8 personas:

16 palomas o torcazas
El jugo de 2 limones
Mantequilla
Sal y pimienta

Para la salsa:

1 1/2 tazas de caldo de gallina
2 cucharadas de mantequilla
2 cucharadas de harina de trigo
1 taza de leche
1/2 cucharadita de orégano y tomillo en polvo
Sal y pimienta

Pelar las aves, y retirar las vísceras, las patas y los pescuezos que reservará para la preparación de la salsa; lavar bien las palomas por dentro y por fuera, frotarlas con el jugo de limón, sal y pimienta e introducirlas en el refrigerador durante 24 horas.

Transcurrido el tiempo de refrigerado, frotar las aves con la mantequilla, ponerlas en una lata engrasada e introducirlas en el horno, previamente calentado a 180° C (350° F), durante aproximadamente unos 20 minutos, teniendo cuidado de que no se doren demasiado.

Mientras tanto, poner las vísceras, las patas y los pescuezos de las palomas en una olla, cubrir con el caldo y cocinar durante unos minutos. Colar el caldo y reservar.

A continuación, derretir las dos cucharadas de mantequilla en una sartén al fuego, agregar la harina, darle unas vueltas y, cuando comience a dorarse, incorporar, poco a poco, la leche y el caldo reservado; añadir el orégano y el tomillo molidos y sal y pimienta al gusto y continuar cocinando, sin dejar de revolver, hasta obtener una salsa bechamel suave y homogénea.

Por último, colocar las aves asadas en su punto en una fuente y servirlas rociadas con la salsa.

Cabrito asado

Ingredientes para 8 personas:

4 lb de carne de cabrito
4 1/2 tazas de leche
8 dientes de ajo
1 1/2 tazas de hogao
8 cucharadas de jugo de naranja
2 cucharadas de salvia y orégano, en polvo
Sal

Para acompañar:

Arroz blanco
Yuca cocida
Papas cocidas

Cortar el cabrito en trozos, ponerlo en un recipiente de cristal grande, verter por encima la leche y dejar marinar durante 1 hora.

Retirar los trozos de cabrito del recipiente, secarlos, frotarlos bien con los ajos y dejar reposar unos minutos.

Seguidamente, calentar el hogao en una olla, incorporar el cabrito y cocinar, dándole la vuelta frecuentemente, hasta que comience a dorarse. Retirarlo del recipiente, bañarlo con el jugo de naranja, espolvorear con las hierbas y sal al gusto y asar a la brasa sobre una parrilla.

Por último, servir el cabrito, bañado con el hogao y acompañado del arroz blanco, la yuca y las papas cocidas.

Conejo a la llanera

Ingredientes para 4 personas:

1 conejo, partido en trozos
6 dientes de ajo, finamente picados
1 cucharada de aceite
1/2 cebolla cabezona
2 tomates grandes maduros
2 pimentones
1 rama de perejil fresco, picado
Sal, pimienta y ají, al gusto

Limpiar bien el conejo, sazonar con el ajo picado y sal, revolver bien y dejar durante 1 hora para que coja bien el sabor.

Calentar el aceite en un recipiente a fuego medio, y dorar los trozos de conejo. Cubrir con la cebolla picada, y los tomates y los pimentones, partidos en trozos. Sazonar con sal, pimienta y ají al gusto, y cocinar lentamente durante 1 hora, con el recipiente tapado.

Servir en una bandeja, salpicado con el perejil picado y acompañado, si lo desea, con yuca.

Bistec a caballo

Ingredientes para 6 personas:

1 1/2 lb de lomo de res, cortado en 6 bisteces
4 cucharadas de mantequilla
1 cucharada de aceite
1 cucharadita de mostaza
2 cucharadas de salsa negra
2 cucharaditas de tomillo deshidratado, desmenuzado
2 cebollas cabezonas medianas, partidas en rodajas no muy gruesas
6 tomates pequeños maduros, cortados en rodajas gruesas
6 huevos fritos
Sal y pimienta al gusto

Derretir la mantequilla en una sartén, añadir el aceite y cuando esté bien caliente, freír los bisteces durante 2 ó 3 minutos por cada lado, dándoles la vuelta una sola vez. Retirar y reservar.

En la grasa que quedó en la sartén mezclar la mostaza, la salsa negra, el tomillo, sal y pimienta y cocinar los aros de cebolla a fuego medio, durante 5 minutos. Agregar los tomates, bajar el fuego, tapar y cocinar 3 minutos más.

Poner de nuevo la carne en la sartén, cubrirla con el hogao preparado y dejarla unos minutos para que se caliente.

Servir la carne cubierta con el guiso y con 1 huevo frito encima de cada bistec.

Bistec a la criolla

Ingredientes para 8 personas:

3 lb de lomito de res, cortado en bisteces
2 cucharadas de mostaza
1 cucharada de orégano y tomillo, en polvo
Comino al gusto
1 cucharada de vinagre
Aceite para freír
Sal y pimienta

Para la salsa:

2 cebollas cabezonas, finamente picadas
2 dientes de ajo machacados
2 tomates, pelados y picados
Aceite
Sal y pimienta

Condimentar los bisteces de lomito con la mostaza, el orégano, el tomillo y comino, pimienta y sal al gusto, ponerlos en un recipiente, agregar el vinagre y dejar en adobo durante unos minutos.

Mientras tanto, preparar la salsa: calentar un poco de aceite en una sartén al fuego, agregar las cebollas y los ajos, dejar que se doren ligeramente e incorporar los tomates; sazonar con sal y pimienta al gusto y cocinar 10 minutos más.

Dorar los bisteces en una sartén al fuego con un poco de aceite, incorporar la salsa, tapar el recipiente y cocinar, a fuego medio, unos 10 minutos más.

Punta de anca desmechada

Ingredientes para 4 personas:

1 lb de punta de anca (punta de cadera), de res
1 lb de papas amarillas o criollas, peladas, cocidas y picadas
1 taza de hogao
Jugo de naranja al gusto
Sal y pimienta

Cocinar la carne en un recipiente con agua suficiente para cubrirla, durante 45 minutos o hasta que esté tierna.

Retirarla del líquido, dejar enfriar ligeramente, cortarla a través de la fibra, del grueso que se desee, y desmecharla.

Poner la carne en una sartén con las papas, el hogao, sal y pimienta, revolver y llevar al fuego. Saltear todo durante unos minutos, revolviendo frecuentemente y cuando esté listo para servir, rociar con el jugo de naranja.

Servir con arroz blanco, tostadas o patacones.

Muchacho relleno

Ingredientes para 8 personas:

4 lb de muchacho o posta
2 papas, peladas y picadas en cuadritos
2 zanahorias, peladas y cortadas en tiras
2 tallos de apio picados
1/2 lb de tocineta, cortada en trocitos
1 taza de hogao
1 cucharada de tomillo y orégano en polvo
2 cucharadas de aceite
2 tazas de agua
1 cucharada de vinagre
1 copa de vino blanco
2 hojas de laurel
Sal y pimienta

Golpear el muchacho con un mazo para carne, limpiarlo y hacer un hueco en el centro a lo largo de la fibra. Rellenar éste con las papas, las zanahorias, el apio, la tocineta, parte del hogao, las hierbas en polvo, sal y pimienta y frotar el resto de la carne con el hogao sobrante.

Atar el muchacho, cubriendo bien los extremos para que el relleno no se salga durante la cocción, y dejar reposar unos minutos.

A continuación, calentar el aceite en una olla express, y dorar la carne por todos los lados. Agregar el agua, el vinagre, el vino y el laurel. Cerrar la olla y cocinar durante 45 minutos, contados a partir del primer pitazo. Retirar de la olla y servir.

Postre de natas

Ingredientes para 8 personas:

12 tazas de leche sin pasteurizar
1 lb de azúcar
2 yemas de huevo

Poner la leche en un recipiente al fuego y cocinar hasta que hierva. Retirar la nata y cocinar de nuevo. Hervir todas las veces que sea necesario, quitando las natas en cada hervida, hasta que no salgan más.

Preparar un almíbar con 1 taza del suero de la leche y el azúcar. Añadir las yemas y cocinar hasta que estén bien mezcladas y la crema espese. Poner las natas por encima, sin revolver, y cocinar durante unos minutos. No se debe tocar hasta que se enfríe. Servir en dulcera.

Buñuelos de maduro

Ingredientes para 4 personas:

2 plátanos hartones maduros
1 1/2 tazas de queso rallado
4 bocadillos de guayaba
Aceite para freír

Partir los plátanos por la mitad y cocinar en un poco de agua. Pelar y reducir a puré.

A continuación, formar bolas con el puré e ir rellenándolas con el queso y el bocadillo.

Seguidamente, freír los buñuelos en aceite caliente hasta que se doren. Dejar escurrir sobre servilletas de papel para quitar el exceso de grasa, y servir bañados con un melao de panela.

Pastel de mamey

Ingredientes para 8 personas:

2 lb de mamey
1 1/2 lb de azúcar
1 astilla de canela
El jugo de 2 limones

Para la masa:

1 lb de harina de trigo
1/2 lb y 4 cucharadas de mantequilla fría
1 huevo
2 cucharadas de agua tibia
1 cucharada de azúcar
1/2 cucharadita de sal
1 yema de huevo

Poner la harina sobre la mesa, hacer un hueco en el centro y agregar la mantequilla y el huevo. Amasar, añadiendo el agua, el azúcar y la sal y trabajar hasta que la masa esté homogénea y se desprenda de la mesa. Hacer una bola, golpearla contra la mesa dos o tres veces, envolver en un paño y dejar reposar media hora, en el refrigerador.

Mientras tanto, preparar el relleno: pelar los mamey, quitar los ollejos y lavar para que no amarguen.

Poner en un recipiente junto con el azúcar y la canela. Cubrir con agua y cocinar hasta que espesen ligeramente. Añadir el jugo de los limones y continuar cocinando hasta que al revolver, se vea el fondo de la olla.

A continuación, extender las dos terceras partes de la masa sobre un plato grande refractario para pastel, verter el relleno y hacer unas tiras con la masa sobrante. Formar un enrejado con las tiras sobre el relleno, barnizar con la yema de huevo batida con unas gotas de agua, e introducir en el horno precalentado a 180° C (350° F), durante 45 minutos.

Pudín de pan

Ingredientes para 6 personas:

3 tazas de recortes de pan o pan viejo picado
1 taza de leche
1/2 lb de mantequilla
1 lb de azúcar
3 huevos
1 copa de vino dulce
1 cucharada de esencia de vainilla
1 cucharada de canela en polvo
1/2 cucharada de clavos de olor, molidos
1 cucharada de polvo de hornear
2 cucharadas de cáscara de limón o de naranja, rallada

Poner el pan en un recipiente grande. Cubrir con la leche, y dejar que se esponje.

Mientras tanto, batir la mantequilla con el azúcar hasta obtener una crema. Añadir los ingredientes restantes, y el pan remojado y mezclar bien.

Engrasar un molde con mantequilla, salpicar con harina y verter la mezcla preparada. Espolvorear la superficie con un poco de miga de pan desmenuzada e introducir en el horno, precalentado a 165° C (325° F), durante 30 minutos, o hasta que al pincharlo con un cuchillo, éste salga limpio.

Bocadillo de guayaba

Ingredientes para 6 personas:

3 lb de guayabas, bien maduras
2 tazas de jugo de naranja
1 1/2 lb de azúcar
2 cucharadas de mantequilla
8-10 cucharadas de azúcar pulverizada

Lavar las guayabas y limpiar de puntos negros.

A continuación, licuarlas junto con un poco de jugo de naranja y pasar por el cernidor.

Preparar un almíbar con un poco de agua , el jugo de naranja restante y el azúcar, cocinando hasta que comience a espesar.

Agregar las guayabas cernidas, mezclar y verter todo en un paila de cobre. Cocinar a fuego medio, revolviendo hasta que la mezcla se desprenda de la paila y se vea el fondo.

Engrasar con mantequilla una lata bajita, verter la mezcla cocinada y dejar enfriar hasta que cuaje. Cortar en rombitos y espolvorear con el azúcar pulverizada.

Flan de mango

Ingredientes para 8 personas:

3 tazas de pulpa de mango maduro, licuado y colado
4 huevos, separadas la claras de las yemas
1 taza de azúcar
1 taza de crema de leche
3 cucharadas de gelatina sin sabor, disuelta en 1/4 de taza de agua tibia

Batir las claras a punto de nieve e ir agregando, poco a poco, las yemas y el azúcar, sin dejar de batir.

En otro recipiente, mezclar el jugo de mango, la crema de leche y la gelatina. Una vez todo bien incorporado, agregar con movimientos envolventes la mezcla de huevos, y verter en un molde. Introducir en el refrigerador durante varias horas hasta que cuaje; desmoldar y servir bañado, si se desea, con salsa inglesa.

— Glosario —

Abacaxi: Ananá, piña.
Abadejo: Bacalao, mojito, reyezuelo.
Abridero: Durazno, gabacho, melocotón, pavia.
Aceitunas: Olivas.
Achín: Ñame.
Achiote: Axiote, bijol, color, onoto, pimentón.
Achuras: Despojos, menudos.
Aguacate: Avocado, chuchi, palta.
Aguayón: Cadera, tapa.
Ahogado: Guiso, hogado, hógao, hogo, refrito, riojo, sofrito.
Ají dulce: Peperrone, pimentón, pimiento.
Ají picante: Conguito, chilcote, chile, guindilla, ñora, pimiento picante.
Ajonjolí: Sésamo.
Albaricoque: Chabacano, damasco.
Alcachofa: Alcaucil.
Alcaucil: Alcachofa.
Almeja: Concha, ostión, ostra.
Almidón de maíz: Chuño, fécula de maíz, maicena.
Almidón de mandioca: Harina de yuca.
Alubia: Caraota, faba, fréjol, fríjol, guandú, judía seca, poroto.
Alverjas: Arvejas, chícharos, guisantes.
Amarillo: Banano, cambur, plátano.
Ananá: Abacaxi, piña.
Ancua: Cancha, maíz frito, pororó, rositas de maíz.
Anchoas: Anchovas, boquerones.
Anchovas: Anchoas, boquerones.
Anday: Auyama, calabaza, sambo, zapallo.
Antojitos: Bocadillos.
Aperitivo: Botana, ingredientes, pasabocas, tapas.
Apio: Celeri.
Arasa: Guayaba.
Arvejas: Alverjas, chícharos, guisantes.
Atole: Harina de maíz disuelta en agua o leche.
Atún: Cazón, pescado grande de mar, tiburón, tuna.
Auyama: Anday, calabaza, sambo, zapallo.
Avocado: Aguacate, chuchi, palta.
Axiote: Achiote, bijol, color, onoto, pimentón.
Azúcar impalpable: Glass, pulverizada.
Bacalao: Abadejo, mojito, reyezuelo.
Bacón: Panceta, tocineta, tocino.
Banano: Amarillo, cambur, plátano.
Batata: Boniato, camote, ñame, papa dulce.
Becerra: Mamón, ternera.
Berza: Col, repollo, taioba.
Betabel: Beterraba, beterraga, remolacha.
Beterraba: Betabel, beterraga, remolacha.
Beterraga: Betabel, beterraba, remolacha.
Bijol: Achiote, axiote, azafrán, color, onoto, pimentón.
Bocadillos: Antojitos.
Bogavante: Cabrajo, langosta.
Bolillo: Pan blanco.
Bollito: Bollo, cañón, capón, corte de res, muchacho.
Bollo: Bollito, cañón, capón, corte de res, muchacho.
Boniato: Batata, camote, ñame, papa dulce.
Boquerones: Anchoas, anchovas.
Borrego: Cordero, oveja.
Botana: Aperitivo, ingredientes, pasabocas, tapas.
Brécol: Brócoli, coliflor.
Breva: Higo.
Brin: Azafrán, croco.
Brócoli: Brécol, coliflor.
Burucuyá: Pasiflora, pasionaria.
Butifarra: Chorizo, salchicha.
Cabrajo: Bogavante, langosta.
Cabrito: Chivo.
Cacahuacintle: Variedad de maíz, de mazorca grande y grano redondo y tierno.

Cacahuate: Cacahuet, cacahuete, maní.
Cacahuet: Cacahuate, cacahuete, maní.
Cacahuete: Cacahuate, cacahuet, maní.
Cacao: Chocolate, cocoa.
Cachipai: Chontaduro.
Cadera: Aguayón, tapa.
Cajeta: Dulce de leche de cabra y azúcar.
Cake: Pastel, torta.
Calabacines: Calabacitas, chauchitas, zucchini.
Calabacitas: Calabacines, chauchitas, zucchini.
Calabaza: Anday, auyama, sambo, zapallo.
Calamar: Chipirón, sepia.
Callampa: Champignon, hongo, seta.
Callos: Librillo, menudo, mondongo, panza, tripas.
Camarón: Crustáceo marino de pequeño tamaño. Gamba, quisquilla.
Cambur: Amarillo, banano, plátano.
Camote: Batata, boniato, ñame, papa dulce.
Cancha: Ancua, maíz frito, pororó, rositas de maíz.
Cangrejo: Crustáceo comestible, jaiba.
Caña: Alcohol de caña de azúcar, bebida argentina.
Cañón: Bollito, capón, corte de res, muchacho.
Capear: Rebozar.
Capón: Bollito, cañón, corte de res, muchacho.
Caraota: Alubia, faba, fréjol, fríjol, guandú, judía, poroto.
Cari: Curry.
Carne seca: Cecina, tasajo.
Carota: Azanoria, zanahoria.
Casabe o cazabe: Harina resultante de rallar la yuca o la mandioca.
Cayote: Especie de sandía.
Cazón: Atún, pescado grande de mar, tiburón, tuna.
Cebiche: Pescado marinado en limón y otros ingredientes.
Cebolla cabezona: Cebolla de huevo.
Cebolla de huevo: Cebolla cabezona.
Cebolla de verdeo: Cebollín, cebollina.
Cebolla en rama: Cebolla junca, cebolla larga.
Cebolla junca: Cebolla larga, cebolla en rama.
Cebolla larga: Cebolla junca, cebolla en rama.
Cebollín: Cebolla de verdeo, cebollina.
Cebollina: Cebolla de verdeo, cebollín.
Cecina: Carne seca, tasajo.
Celeri: Apio.
Cerdo: Cochino, chanco, chancho, puerco.
Cilantro: Condimento, coriandro, culantro.
Cocer: Hervir, cocinar.
Cocoa: Cacao, chocolate.
Cochino: Cerdo, chanco, chancho, puerco.
Cohombrillo: Cohombro, pepino.
Cohombro: Cohombrillo, pepino.
Col: Berza, repollo, taioba.
Col roja: Lombarda.
Colí: Variedad de plátano pequeño.
Coliflor: Brécol, brócoli.
Color: Achiote, axiote, azafrán, bijol, onoto, pimentón.
Comal: Gran plato de cerámica o metal para cocinar tortillas, semillas y granos.
Concha: Almeja, ostión, ostra.
Condimento: Cilantro, coriandro, culantro.
Conguito: Ají picante, chilcote, chile, guindilla, ñora, pimiento picante.
Cordero: Borrego, oveja.
Coriandro: Cilantro, condimento, culantro.
Cortezas: Cueros de cerdo, chicharrón.
Corvina: Merluza.
Costeleta: Costilla, chuleta.
Costilla: Costeleta, chuleta.
Coyocho: Nabo, papanabo.

Criadillas: Testículos de toro u otro animal.
Croco: Azafrán, brin.
Cuajada: Requesón.
Cuete: Parte del muslo de la res, algo dura.
Culantro: Cilantro, condimento, coriandro.
Curry: Cari.
Chabacano: Albaricoque, damasco.
Chala: Hoja que envuelve la mazorca de maíz, panca.
Chambarete: Morcillo.
Champignon: Callampa, hongo, seta.
Chancaca: Panela, piloncillo, raspadura.
Chanco: Cerdo, cochinillo, chancho, puerco.
Chancho: Cerdo, cochinillo, chanco, puerco.
Chaucha: Ejote, habichuela, judía verde, vainita.
Chicozapote: Fruta costeña, grande y carnosa, de pulpa amarilla y muy dulce. Zapote.
Chícharos: Alverjas, arvejas, guisantes.
Chicharrón: Cortezas, cueros de cerdo.
Chifles: Rodajas delgadas de plátano verde, fritas hasta quedar crujientes.
Chilaquiles: Tortillas.
Chilcosle: Chile oaxaqueño, también conocido como chile amarillo.
Chilcote: Ají picante, conguito, chile, guindilla, ñora, pimiento picante.
Chile: Ají picante, conguito, chilcote, guindilla, ñora, pimiento picante.
Chile amarillo: Chilcosle, chile oaxaqueño.
Chile de Oaxaca: Chilhuacle.
Chile dulce: Ají dulce, pimiento o chile morrón, no picante, pimentón.
Chile oaxaqueño: Chilcosle, chile amarillo.
Chilhuacle: Chile de Oaxaca.
Chilote: Choclo, elote, jojoto, mazorca tierna de maíz.
Chipirón: Calamar, sepia.
Chivo: Cabrito.
Choclo: Chilote, elote, jojoto, mazorca tierna de maíz.
Chocolate: Cacao, cocoa.
Chontaduro: Cachipai.
Chorizo: Butifarra, salchicha.
Choro: Mejillón, moule.
Chuchi: Aguacate, avocado, palta.
Chuleta: Costeleta, costilla.
Chumbera: Higo chumbo, nopal.
Chuño: Almidón de maíz, fécula de maíz, maicena.
Damasco: Albaricoque, chabacano.
Despojos: Achuras, menudos.
Durazno: Abridero, gabacho, melocotón, pavia.
Ejote: Chaucha, habichuela, judía verde, vainita.
Elote: Chilote, choclo, jojoto, mazorca tierna de maíz.
Empanada: Guiso o manjar cubierto con masa.
Enchiladas: Tortillas.
Faba: Alubia, caraota, fréjol, fríjol, guandú, judía, poroto.
Falda: Sobrebarriga, zapata.
Fariña: Harina de mandioca.
Fécula de maíz: Almidón de maíz, chuño, maicena.
Fideo: Pasta, tallarín.
Frango: Pollo.
Frangollo: Maíz molido.
Fréjol: Alubia, caraota, faba, fríjol, guandú, habichuela, judía seca, poroto.
Fresa: Fresón, frutilla, madroncillo, morango.
Fresón: Fresa, frutilla, madroncillo, morango.
Fríjol: Alubia, caraota, faba, fréjol, guandú, habichuela, judía seca, poroto.
Frutilla: Fresa, fresón, madroncillo, morango.
Fruto del nogal: Nuez criolla, tocte.
Gabacho: Abridero, durazno, melocotón, pavia.

Gambas: Camarones, quisquillas.
Gandules: Lentejas.
Ganso: Oca.
Garbanzo: Mulato.
Guacamole: Puré de aguacate.
Guacamote: Mandioca, raíz comestible, yuca.
Guachinango: Huachinango, pargo, sargo.
Guajalote: Pavo.
Guanábana: Fruta parecida a la chirimoya, pero más grande.
Guandú: Alubia, caraota, faba, fréjol, fríjol, judía, poroto.
Guascas: Hierbas de cocina de Cundinamarca.
Guayaba: Arasa.
Guindilla: Ají picante, conguito, chilcote, chile, ñora, pimiento picante.
Guineo: Plátano pequeño.
Guisantes: Alverjas, arvejas, chícharos.
Guiso: Ahogado, hogado, hogao, hogo, refrito, riojo, sofrito.
Haba: Faba.
Habichuelas: Chaucha, ejote, judía verde, vainita.
Harina de mandioca: Fariña.
Harina de yuca: Almidón de mandioca.
Hervir: Cocer, cocinar.
Hierbabuena: Menta.
Higo: Breva.
Higo chumbo: Chumbera, nopal.
Hogado: Ahogado, guiso, hogao, hogo, refrito, riojo, sofrito.
Hogao: Ahogado, guiso, hogado, hogo, refrito, riojo, sofrito.
Hogo: Ahogado, guiso, hogado, hogao, hogo, refrito, riojo, sofrito.
Hojas de achira: Hojas anchas para envolver tamales.
Hojas de maíz: Chalas, pancas.
Hongo: Callampa, champignon, seta.
Huacal: Caparacho de un ave.
Huachinango: Guachinango, pargo, sargo.
Huitlacoche: Hongo negro que nace en la mazorca de maíz.
Humitas: Tamales de choclo (maíz tierno).
Ingredientes: Aperitivo, botana, pasabocas, tapas.
Jaiba: Cangrejo, crustáceo comestible.
Jitomate: Tomate.
Jojoto: Chilote, choclo, elote, mazorca tierna de maíz.
Jora: Maíz germinado para fermentar.
Judías: Alubia, caraota, faba, fréjol, fríjol, guandú, poroto.
Judías verdes: Chaucha, ejote, habichuela, vainita.
Langosta: Bogavante, cabrajo.
Lechón: Cochinillo, lechonceta.
Lechonceta: Cochinillo, lechón.
Lechosa: Mamón, papaya.
Lentejas: Gandules.
Librillo: Callos, menudos, mondongo, panza, tripas.
Lima: Cítrico, perfumado y dulce.
Lisa: Mújol.
Lombarda: Col roja.
Lomito: Lomo fino, solomo, solomito.
Lomo fino: Lomito, solomo, solomito.
Lomo: Solomillo.
Lulo: Fruto ácido, de pulpa cristalina y verdosa. Naranjilla.
Madroncillo: Fresa, fresón, frutilla, morango.
Maicena: Almidón de maíz, chuño, fécula de maíz.
Maíz frito: Ancua, cancha, pororó, rositas de maíz.
Maíz germinado para fermentar: Jora.
Maíz molido: Frangollo.
Maíz tierno: Chilote, choclo, elote, jojoto, mazorca.
Mamón: Becerra, ternera.
Mandarina: Tanjarina.
Mandioca: Guacamote, yuca.
Maní: Cacahuate, cacahuet, cacahuete.

Manos: Patas de res o cerdo, patitas.
Manteca de la leche: Mantequilla.
Mantequilla: Manteca de la leche.
Mazorca tierna de maíz: Chilote, choclo, elote, jojoto.
Mejillón: Choro, moule.
Melado: Melao, miel de panela.
Melao: Melado, Miel de panela.
Melocotón: Abridero, durazno, gabacho, pavia.
Menta: Hierbabuena.
Menudo: Callos, librillo, mondongo, panza, tripas.
Merluza: Corvina.
Mezcal: Poderoso aguardiente destilado de una variedad de maguey.
Miel de panela: Melado, melao.
Mixiote: Hojas del maguey, usada para envolver alimentos y cocinarlos al vapor.
Mojito: Abadejo, bacalao, reyezuelo.
Molcajete: Mortero de piedra.
Mondongo: Callos, librillo, menudo, panza, tripas.
Morango: Fresa, fresón, frutilla, madroncillo.
Morcilla: Moronga.
Morcillo: Chambarete.
Moronga: Morcilla.
Mortero de piedra: Molcajete.
Moule: Choro, mejillón.
Muchacho: Bollito, bollo, cañón, capón, corte de res.
Mújol: Lisa.
Mulato: Garbanzo.
Nabo: Coyocho, papanabo.
Naranjilla: Fruto ácido, de pulpa cristalina y verdosa. Lulo.
Nopal: Chumbera, higo chumbo.
Nuez criolla: Fruto del nogal, tocte.
Ñame: Batata, boniato, camote, papa dulce.
Ñora: Ají picante, conguito, chilcote, chile, guindilla, pimiento picante.
Oca: Ganso.
Olivas: Aceitunas.
Onces: Comida que se hace tarde por la mañana.
Onoto: Achiote, axiote, color, pimentón.
Ostión: Almeja, concha, ostra.
Oveja: Borrego, cordero.
Paila: Cazuela de bronce.
Palta: Aguacate, avocado, chuchi.
Pan blanco: Bolillo.
Pan de yuca: Casabe, maíz.
Pancas: Chalas, hojas de maíz.
Panceta: Bacón, tocineta, tocino.
Panela: Chancaca, piloncillo, raspadura.
Panza: Callos, librillo, menudo, mondongo, tripas.
Papa dulce: Batata, boniato, camote, ñame.
Papa: Patata.
Papachina: Raíz comestible (nativa del Ecuador).
Papanabo: Coyocho, nabo, raíz, tubérculo parecido al rábano blanco.
Papaya: Fruto del papayo, mamón, similar al melón.
Pargo: Guachinango, huachinango, sargo.
Pasabocas: Aperitivo, botana, ingredientes, tapas.
Pasas: Uvas secas.
Pasiflora: Burucuyá, pasionaria.
Pasionaria: Burucuyá, pasiflora.
Pasta: Fideo, tallarín.
Pastel: Cake, torta.
Patas de res o cerdo: Manos, patitas.
Patata: Papa.
Patitas: Manos, patas de res o cerdo.
Pavia: Abridero, durazno, gabacho, melocotón.
Pavo: Guajalote.
Peperrone: Ají dulce, pimentón, pimiento.
Pepino: Cohombrillo, cohombro.
Piloncillo: Chancaca, panela, raspadura.
Pimentón: Achiote, axiote, bijol, color, onoto.
Pimentón: Ají dulce, peperrone, pimiento.
Piña: Abacaxi, ananá.

Pipián: Salsa hecha a partir de semillas de calabaza.
Pisco: Aguardiente de uva.
Plátano: Amarillo, banano, cambur, colí, guineo.
Pollo: Frango.
Pomelo: Toronja.
Poro: Puerro.
Pororó: Ancua, cancha, maíz frito, rositas de maíz.
Poroto: Alubia, faba, fréjol, fríjol, judía seca.
Puerco: Cerdo, cochinillo, chanco, chancho.
Puerro: Poro.
Pulque: Bebida popular ligeramente alcohólica, obtenida de la fermentación del aguamiel, o sea el jugo del maguey.
Quimbombó: Ocra, quingombó.
Quisquillas: Camarones, gambas.
Raspadura: Chancaca, panela, piloncillo.
Rebozar: Capear.
Refrito: Ahogado, guiso, hogado, hogao, hogo, riojo, sofrito.
Remolacha: Betabel, beterraba, beterraga.
Repollo: Berza, col, taioba.
Requesón: Cuajada.
Reyezuelo: Abadejo, bacalao, mojito.
Riojo: Ahogado, guiso, hogado, hogao, hogo, refrito, sofrito.
Rompope: Nutritiva bebida preparada con yemas, azúcar y leche, con algún vino generoso.
Sábalo: Pez típico de las aguas de Campeche.
Salchicha: Butifarra, chorizo.
Sambo: Anday, auyama, calabaza, zapallo.
Sargo: Guachinango, huachinango, pargo.
Sémola: Trigo quebrado muy fino. En América se hace también de maíz.
Sepia: Calamar, chipirón.
Sésamo: Ajonjolí.
Sobrebarriga: Falda, zapata.
Sofrito: Ahogado, guiso, hogado, hogao, hogo, riojo, refrito.
Soja: Soya.
Solomillo: Lomo.
Solomito: Lomito, lomo fino, solomo.
Solomo: Lomito, lomo fino, solomito.
Soya: Soja.
Taco: Tortillas.
Taioba: Berza, col, repollo.
Tallarín: Fideo, pasta.
Tamales de choclo (maíz tierno): Humitas.
Tanjarina: Mandarina.
Tapa: Aguayón, cadera.
Tapas: Aperitivo, botana, ingredientes, pasabocas.
Tasajo: Carne seca, cecina.
Telas: Arepas de maíz muy delgadas y blandas.
Ternera: Becerra, mamón.
Tiburón: Atún, cazón, pescado grande de mar, tuna.
Tocineta: Bacón, panceta, tocino.
Tocte: Fruto del nogal, nuez criolla.
Tomate: Jitomate.
Toronja: Pomelo.
Torta: Cake, pastel.
Tripas: Callos, librillo, menudo, mondongo, panza.
Tuna: Atún, cazón, pescado grande de mar, tiburón.
Tusa: Corazón no comestible de la mazorca usada para encender fuego o como abrasivo doméstico.
Uvas secas: Pasas.
Vainitas: Chaucha, ejote, habichuela, judía verde.
Yautía: Tubérculo consumido sobre todo en la zona de las Antillas.
Yuca: Guacamote, mandioca.
Zanahoria: Azanoria, carota.
Zapallo: Anday, auyama, calabaza, sambo.
Zapata: Falda, sobrebarriga.
Zapote: Fruta costeña, grande y carnosa, de pulpa amarilla y muy dulce. Chicozapote.
Zucchini: Calabacines, calabacitas, chauchitas.

— Indice de recetas —